Fiston Bumba

L'importance de l'Offrande: Volume 2

Fiston Bumba

L'importance de l'Offrande: Volume 2

1er édition 2023

Éditions Croix du Salut

Imprint

Cover image: www.ingimage.com

Publisher:
Éditions Croix du Salut
is a trademark of
Dodo Books Indian Ocean Ltd. and OmniScriptum S.R.L publishing group

120 High Road, East Finchley, London, N2 9ED, United Kingdom
Str. Armeneasca 28/1, office 1, Chisinau MD-2012, Republic of Moldova, Europe
Printed at: see last page
ISBN: 978-620-3-84637-9

Lisez cette brochure avec la Bible et faite à tout le temps les offrandes volontaires pour vous accompagner à affranchir des obstacles du début à la fin de tous les volumes à un endroit calme seul ou dans la famille sans distraction.

Avant-Propos

Ce travail est la consécration de plusieurs années d'énormes efforts et sacrifices des prières de supplications et d'offrandes avec des jeunes. Nombreux sont ceux qui m'ont apporté l'aide et le réconfort nécessaires pour aboutir à la réalisation du présent ouvrage.

A cet effet, nous exprimons notre gratitude au Seigneur Jésus-Christ pour ses bienfaits multiples et incommensurables dans notre vie.

Nos remerciements s'adressent aux Serviteurs de Dieu, Prophètes, docteurs, Disciple Emmanuel Bumba, Manager PATRICK Collins,

Notre gratitude va également aux sœurs : Chantal BISWESE, Sarah MBULU, Dorcas mère de Jérémie du sacrifice qui nous a conduits à ces stades.

Nos sincères remerciements s'adressent également à nos parents : MPANDI ETISO José, BUMBA LIKITA Roger, pour le sens du sacrifice qui nous a conduits à ce stade.

Nous ne pouvons terminer ce propos sans exprimer notre reconnaissance à nos enfants, familles et amis BUMBA LIKITA Emmanuel, BUMBA MPANDI Jéremy, BUMBA ETISO Jévic, Patrick Collins, particulièrement à notre Grand-mère AGUPANE MBUNZU Véronique, frère NGBANGO Paul.

Son affection et sa bienveillance nous ont été précieuses. Nous saisissons cette opportunité pour remercier nos frères et sœurs pour l'amour qu'ils nous ont toujours témoigné et leur encouragement.

Que tous ceux qui ont apporté une pierre à cet édifice dont ces noms ne figurent pas dans ces lignes, trouvent ici l'expression de notre profonde gratitude.

Inspiration

« Saint- saint – saint l'éternel Dieu Père, le créateur de cieux et de la terre, que ton nom soit loué et glorifié. L'éternel Dieu Père, le créateur de toutes puissances, celui qui était, il restera Eternellement, pour l'éternité. Amen. »

Sort, sort, sort au nom de Jésus-Christ, Amen.

Cette brochure est inspirée par Dieu pour que tout celui qui est enfant de Dieu, devra le lire et puisse avoir la bénédiction et la puissance du saint esprit, car le royaume de Dieu et présent, lorsque vous êtes abattu toujours, la lecture vous donnera la force, et vous découvrirait plusieurs autres brochures qui vous montrera toutes les bonnes méthodes d'une croissance spirituelles qui succèdera ceux-ci pour votre édification, 1corinthien 10 :14-23

INTRODUCTION

C'est par une révélation divine, non ordinaire que de traduire les saintes écritures dans une brochure moderne. En effet, traduire les saintes écritures, c'est rendre dans une autre partie des pensées et parole de Dieu.

L'auteur céleste de cette brochure, inspiré par à travers la sainte bibliothèque de soixante-six livres que des hommes d'autres fois, divinement inspiré, ont écrit par notre profit.

Voilà qui donne à réfléchir. Les traducteurs du présent ouvrage, qui sont des hommes attachés à l'auteur des saintes écritures, se sont fait une obligation devant lui de transmettre les plus exactement possible ses pensées et ses déclarations. Ils se sont également sentis tenus sur le point vis-à-vis des lecteurs attentifs qui comptent sur une traduction de la parole inspirée du Dieu très haut pour leur salut éternel.

La nouvelle édition que voici donne non seulement un texte qui encore été amélioré par rapport aux révisions, mais elle contient également tout un travail de mise à jour. Lui laissant le savoir d'en assurer l'impression et la diffusion ainsi, que la traduction dans les langues principales.

Nous la mettons ainsi en circulation, plein des reconnaissances pour l'auteur des saintes-écritures, qui nous accordé un si grand privilège et sur l'esprit de qui nous avons compté pour réaliser cette révision. Nous lui demandons de bien vouloir bénir tous ceux-qui emploieront la présente version pour assurer leurs progrès spirituels.

Ce n'est pas par une volonté d'homme qu'une prophétie n'a jamais été apportée, mais c'est poussé par le Saint-Esprit que des hommes ont parlé de la part de Dieu. (2 Pierre 1 : 21)

Lectures proposées spirituelles (prophétique)

Grand thème de lecture :

L'importance de l'offrande volume 2

Shaloom cher(es) frères et sœurs en Jésus-Christ !

C'est avec une force de vouloir vous écrire cette brochure qui est inspiré du Saint-Esprit, cette force spirituelle lié à la connaissance et intelligence spirituelle de Dieu.

En effet, c'est avec toute quiétude que nous vous attribuons ces messages divinement approuvés par les témoignages des anciens.

Nous vous remercions de pouvoir vous engagées à faire cette lecture qui vous permettra d'avoir une notion spirituelle élevée de Dieu.

En voici votre bonheur incorruptible, vraie semblable à vous et à votre père qui est dans les cieux, une recommandation que l'éternel Dieu nous procure au travers nos anciens et Jésus-Christ notre seigneur.

Au-delà de cette vertu, en commerçant par ce paragraphe tout en vous remerciant de pouvoir vous en procuré de cette brochure inédite tout d'abord, parler de l'importance de l'offrande, nous devons savoir au départ, pour connaître son importance et ses caractéristiques proprement dites.

Il y a des raisons, néanmoins ! Qui nous préoccupé tous nos besoins en dépend, d'après la version de la bible dans genèse depuis la création ; Dieu offrant à l'homme le jardin d'Eden qui est le paradis sur terre, contenant tout sans rien y manqué.

Depuis la création de l'humanité, la première personne qui offre à l'homme c'était Dieu, en commerçant par la création de la nature ainsi, qu'au souffle de vie.

L'œuvre d'aide humanitaire par laquelle Adam et Eve ont eu a bénéficié, sans avoir demandé ni choisit.

Cette brochure l'Importance de l'Offrande, honore l'éternel Dieu le Souverain de l'univers Elle s'attache à consoler tous les humains par cette bonne nouvelle ; depuis le ciel, le royaume de Dieu supprimera bientôt tout méchanceté et transformera la terre en paradis. Elle incite ses lecteurs à exercer la foi en jésus christ, qui est mort pour que nous puissions obtenir la vie éternelle et qui exerce a présent la fonction de Roi de royaume de Dieu. Cette brochure parait depuis 2022. Elle est apolitique et s'appuie exclusivement sur la Bible.

1.1. 1. CHAPITRE I. L'IMPORTANCE DE L'OFFRANDE Volume : 2

1.2. 1 ère PARTIE : Prophétie de l'offrande

2éme version de la bible

« La condamnation du péché et la grâce surabondé »

Ainsi, donc déclares, justes sur la base de la foi, nous avons la paix avec Dieu par l'intermédiaire de notre seigneur Jésus-Christ, c'est aussi par son intermédiaire que nous avons accès par la foi à cette grâce dans laquelle nous tenons fermes, et nous plaçons notre fierté dans l'espérance de prendre part à la gloire de Dieu.

Bien plus, nous sommes fier même de nos détresses, sachant que la détresse produit la persévérance.

La persévérance, la victoire dans l'épreuve, et la victoire dans l'épreuve l'espérance. Or cette espérance ne trompe pas par ce que l'amour de Dieu est déversé dans notre cœur par le Saint-Esprit qui nous a donnée.

En effet, alors que nous étions encore sans force, Christ est mort pour des pécheurs au moment fixé.

A peine mourrait-on pour un juste ; peut-être accepterait-on de mourir pour quelqu'un de bien.

Mais voici comment Dieu prouve son amour envers nous ; alors que nous étions encore des pécheurs, christ est mort pour nous, puisque nous sommes maintenant considérés comme justes grâce à son sang, nous serons à bien plus forte raison sauvés par la colère de Dieu.

En effet, si nous avons été réconciliés avec Dieu grâce à la mort de son fils lorsque nous étions ses ennemis, nous serons à bien plus forte raisons sauvé par sa vie maintenant que nous sommes réconciliés.

Bien plus, nous plaçons notre fierté en Dieu par notre seigneur Jésus-Christ, pour que maintenant nous avons reçus la réconciliation.

C'est pourquoi de même que par un seul homme le péché est entré dans le monde et par le péché la mort, de même la mort à atteint tous les hommes parce qu'ils ont tous péchés.

En effet, avant que la loi ne soit donnée, le péché était déjà dans le monde.

Or, le péché n'est pas pris en compte quand il n'y a pas de loi pourtant la mort a régné depuis Adam jusqu'à Moïse, même sur ceux qui n'avaient pas péché par une transgression semblable à celle d'Adam, qui est l'image de celui qui devait venir.

Mais il y a une différence entre le don gratuit et la faute. En effet, si beaucoup sont mort par la faute d'un seul, grâce de Dieu et le don de la grâce qui vient d'un seul homme, Jésus-Christ, ont bien plus abondamment été déversés sur beaucoup.

Et il y a une différence entre le don et les conséquences du péché d'un seul. En effet, c'est après un seul péché que le jugement à entrainer la condamnation, tandis que le don gratuit entraine l'acquittement après un grand nombre de fautes.

Si par un seul homme par la faute d'un seul, la mort a régné ceux qui reçoivent avec abondance la grâce et le don de la justice règneront à bien plus forte raison dans la vie par Jésus-Christ lui seul.

Ainsi, donc de même que par une seule faute la condamnation à atteint tous les hommes de même par un seul acte d'acquittement la justification qui donne la vie s'étend à tous les hommes.

En effet, tout comme par la désobéissance d'un seul homme beaucoup ont été rendus pécheurs, beaucoup seront rendus justes par l'obéissance d'un seul.

L'intervention de la loi à entrainer la multiplication des fautes, mais là où le péché s'est multiplié, la grâce à surabondé.

Ainsi, de même que le péché a régné par la mort, de même la grâce règne par la justice pour la vie éternelle par Jésus-Christ notre seigneur.

1.1.2.1ère PROPHETIE : condamnation à toutes réclamations impures

« HEBREUX : 8 :1 »

Le point capital de ce qui vient d'être dit, c'est que nous avons bien un tel grand –prêtre, qui s'est assis à la droite du trône de la majesté divine dans le ciel. « 1Tim : 2 :4 ».

Lui qui désire que tous les hommes soient sauvés et parviennent à la connaissance de la vérité. Car il n'y a plus ni juif ni non juif, il n y a plus ni esclave ni libre, il n y a plus ni homme ni femme, car vous êtes tous en Jésus-Christ. « Gal : 3 : 28 ».

A. Pourquoi donc la loi ?

Elle a été ajoutée ensuite à cause des transgressions, jusqu'à ce que vienne la descendance à qui la promesse avait été faite, elle a été promulguée par des anges, au nom d'un médiateur.

1.1.2.2 2éme PROPHETIE : Recevoir l'appel célestes « Jean : 3 :3 -13 »

Voyons, que même un prêtre Nicodème, œuvrant plusieurs années dans le temple, qui n'était pas encore né de nouveau, était surpris d'entendre le mot naître de nouveau, or ayant pris toutes sa vie à médite et à étudier les écritures pour afin enseigner les fidèle dans le temple.

Les prêtres étaient réclamés par les romains pour contraindre Jésus-Christ, à travers son enseignement, à combien plus forte raison serons-nous ; ou sommes-nous sous le joug du diable au traves nos églises, nos familles et relations, nos clubs, nos assemblées, nos parti politiques qui nous manipule ?

Nos clients, nos ethnies, étant d'autres à contraindre Jésus-Christ par nos actes qui déçoivent Dieu, par des insultes, les cassures, la destruction, les liens sanguines, etc.

Or, lorsque nous tenons compte à toutes ces choses qui nous retiennent comme étant un fardeau sur le dos, par laquelle nous ne savons pas comment le déposer d'une manière intelligente et sages, cet état sera plus grave qu'auparavant.

A risque que ces états puissent liées notre âme et que nos enfants puissent encore l'irritées par mégardes. Car lorsque nous n'arriverons pas à comprendre cette importance de l'offrande à laquelle nous parlons, et celle de notre seigneur Jésus-Christ, a offert une fois pour nous sur la croix son corps au Mont Golgotha, il nous sera difficile d'obtenir le salut, parce que la grâce nous suffit déjà par le sang qui nous à purifié de toutes souillure sur la croix, qui est l'offrande céleste de Dieu « Jean : 7 : 50 » car il est écrit : Nicodème, qui était venu vers lui précédemment, et qui était l'un d'entre eux. Car c'est aussi, Dieu nous recommande de n'est plus se lié à eux, ni se marié avec eux, ou faire marier vos fils à leurs filles, vos filles à leurs fils, car ils les détourneront.

« Deutéronomes : 7 :2-3 »

Oui, l'éternel ton Dieu te les abondera, et tu devras le battre, il faudra que tu les a voues à la destruction.

Tu ne devras pas conclure d'alliance avec elles ni leur témoigner aucune faveur.

Tout ceux-ci nous montrent comment nous devons connaître leurs approches près de nous, comme le serpent qui s'approche d'Adam et Eve au jardin d'Eden, de même aussi la femme après avoir été déjà séduit par le serpent, elle aussi s'approché auprès de son mari Adam pour le séduire, afin qu'ils soient égaux dans le péché.

Voici, ce comportement déductif qui nous approche, dans la coulisse uniquement pour connaître notre secret, pour nous avoir avec des intérêts malveillants, en nous parlant des choses qui nous intéressent, nous attirent, nous fonts plaisir, nous apprend à faire comme eux, à devenir l'un deux.

1.1.3.3ème PROPHETIE : bâtir un autel à Dieu, et démolir celui de baal (le diable)

« Juges : 6 :25-27 »

Tu devras bâtir un autel à l'éternel ton Dieu au sommet de cette forteresse, avec la rangée de pierres, et tu devras prendre le deuxième jeune taureau et l'offrir en holocauste sur la croix sacrée que tu couperas.

Gédéon prit donc dix hommes d'entre ses serviteurs et fit comme le lui avait dit l'éternel ; mais il arriva ceci comme il avait trop peur de la maisonnée de son père et des hommes de la ville pour le faire de jour, il le fit de nuit.

En voici encore ce chapitre qui nous parle d'une logique à laquelle Gédéon se comporté vis-à-vis de la maison de son père, et celle de sa ville.

Pourquoi avions-nous déjà eu l'audace de se tenir ferme pour abolir les totems de nos familles, coutumes, caractères, qui s'est incarnées en nous, sans tenir compte des intérêts de Dieu ? Il y a encore des personnes aujourd'hui qui sont sous coutumes des Jésus familiale, coutumes de leurs familles mélangées avec les fétichismes, ou des religions familiale même si c'est mauvais on n'a pas le droit de changé la religion, il faut toujours s'attaché à cette religion par ce que c'est une croyance familiale ou encore des dogmes communautaires, qui leurs retiennent, il y a aussi même ceux-là qui pratique la magie, les fétiches, etc.

Car il est écrit dans « Exode 20 : 1 » par l'initiation familiale ; amical.

Alors Dieu prononça toutes ces paroles, en disant : je suis l'éternel ton Dieu, qui t'a fait sortir du pays d'Egypte, de la maison des esclaves. Tu ne dois pas avoir d'autres dieux contre ma face.

Tu ne dois pas te faire d'image sculptée, ni de forme qui ressemble à quoi que ce soit qui est dans les cieux en haut, ou qui est sur la terre en bas, ou qui est dans les eaux sous la terre.

Tu ne dois pas te prosterner devant eux, ni te laisser entrainer à le servir, car moi, l'éternel ton Dieu, je suis un Dieu qui exige un attachement exclusif qui fait venir la punition pour la faute des pères sur les fils, sur la troisième génération et sur la quatrième génération, pour ceux qui me haïssent ; mais qui use de bonté de cœur envers la millième génération pour ceux qui m'aiment et gardent mes commandements.

Tu ne dois pas prendre le nom de l'éternel ton Dieu de manière indigne, car l'éternel ne laissera pas impuni celui qui prendra son nom de la manière indigne.

1.1.4.4éme PROPHETIE : peuple craint Dieu, lois sur l'esclave.

Car l'éternel ne laissera pas impuni celui qui prendra son nom de manière indigne.

Te souvenant du jour du sabbat afin de le tenir pour sacré, pendant six jours tu feras du service et tu devras faire tout ton travail. Mais le septième jour est un sabbat pour l'éternel ton Dieu.

Tu ne pourras faire aucun travail, ni ton esclave mâle, ni ta fille, ni ton esclave femelle, ni ton animal domestique, ni ton résident étranger qui est dans tes portes. Car en six jours l'éternel à fait les cieux et la terre, la mer et tout ce qui s'y trouve, et il s'est alors reposé le septième jour. C'est pourquoi l'éternel a béni le jour du sabbat et l'a alors rendu sacré.

Honore ton père et ta mère, afin que tes jours se prolonge sur le sol que l'éternel Dieu te donne.

- Tu ne dois pas assassiner
- Tu ne dois pas commettre d'adultère
- Tu ne dois pas voler
- Tu ne dois pas déposer contre semblable en faux témoin
- Tu ne dois pas désirer la maison de ton semblable
- Tu ne dois pas désirer la femme de ton semblable, ni son esclave male, ni son esclave femelle, ni son taureau, ni son âne, ni rien de ce qui appartient à ton semblable.

Or tout le peuple voyait les tonnerres et le flamboiement des éclairs, le son du cor et la montagne fumante. Lorsque le peuple vit cela, alors il frémit et se tint à distance.

Et ils disaient à Moïse : parle avec nous, toi et que nous écoutions, mais que Dieu ne parle pas avec nous, de crainte que nous ne mourions.

Moïse donc dit au peuple : n'ayez pas peur, car c'est pour vous mettre à l'épreuve que Dieu est venu et pour que la crainte de Dieu continue d'exister devant votre face, afin que vous ne péchiez pas.

Le peuple se tenait à distance, mais moïse s'approcha de la sombre masse ma nuageuse où était Dieu.

L'éternel dit encore à Moïse : voici ce que tu diras aux fils d'Israël vous avez vu vous-mêmes que c'est des cieux que j'ai parlé avec vous. Vous ne devez pas vous faire, à côté de moi, des dieux d'argent, et vous ne devez pas vous faire des dieux d'or.

Tu me feras un autel de terre, et sur lui tu devras sacrifier tes holocaustes les sacrifices de communion, ton petit bétail et ton gros bétail. En tout lieu où je ferai rappeler mon nom, je viendrai à toi et je te bénirai à coup sûr.

Et si tu me fais un autel de pierres, tu ne pourras pas façonner en Pierres de taille. Si tu manies quand même ton ciseau dessus, alors tu le profaneras. Tu ne devras pas monter à mon autel par des degrés, afin que sur lui ne soient pas découvertes tes parties sexuelles

Donc revoir la bible :

1.1.5.5ème PROPHETIE : Règle D'Or.

Lorsque la bible nous dit qu'il ne faut prendre le nom de Dieu de manière indigne, donc c'est n'est pas ce moquer de Dieu, tel que la bible nous recommande.

Car il y a des gens qui écoutaient des prophéties comme celle-ci pourra n'est pas croire, par ce qu'ils mangeaient bien, et dorme dans de bonnes conditions croyant que tout est fini, ainsi va la vie, les histoires de Dieu est uniquement pour le pauvre, on voit toujours les pays sous développé.

Comme ainsi, d'autres qui dira la pauvreté c'est l'enfer et le paradis c'est la richesse, car c'est fallu parce que lorsque Jésus-Christ dit aux pharisiens de tenir compte de la nature, et il dit la nature ne vous enseignent-t-elle pas ?

Or lorsque nous regardons la nature sur le plan catastrophique dans toute la planète, il se passe toujours les mêmes problèmes, des rivières, et des océans causent des dégâts sur terre, des tremblements de terre, les catastrophes naturelles etc.

Il y a des forêts qui se brillent créant des dégâts, des pluies torrentielles créant des économies, rend d'autres pauvres et instables.

Tout ceci n'est que les effets réels qui caractérisent les langages de notre seigneur Jésus-Christ. Car il dit venait en moi vous tous qui est fatigué et charges j'ai vous donnerai du repos.

Considérons son corps sacrifié sur la croix, notre offrande céleste, en Jésus-Christ.

Lorsque la bible nous recommande d'honorer le père et la mère, c'est par ce que, ce sont nos encadreurs par les quels Dieu lui-même avait créé par son image, t'elle que nous voyons dans Genèse qui nous montre, en disant créons l'homme à notre image. C'est ainsi, qu'il créa Adam et Eve, étant premier élément terrestre d'image d'un père terrestre, représentant tout le père-mère sur terre, ou ici-bas.

Jésus-Christ l'avait même dit aux pharisiens en disant vos père terrestre lorsqu'un enfant lui demande un pain, ne lui donne pas une pierre, et n'est-ce pas ? Ô peut être demandera-t-il un poisson il ne lui remettra par un serpent, c'est alors que votre père qui est aux cieux, a combien plus forte raison ne vous donnera pas, si vous le lui demande « Mathieu : 7 :9-4 » revoir les écritures à la bible.

Donc, la bible recommande à ce que les parents puisent données de bonne chose à leurs enfants, c'est par ici que nous avons plus martelet sur le lien de sang biologiques, les totems, les coutumes, et des caractères, c'est par toutes ces choses que Dieu nous recommande de données à nos enfants des bonnes choses, car les bonnes choses sont les principes divins.

« Jean : 10 : 10 », « « Jean 10 :11 : 18 »

Le voleur ne vient que pour voler, égorger et détruire ; moi, je suis venu afin que les brebis aient la vie et qu'elles l'aient en abondance.

- Tu ne dois pas assassiner, tu ne dois pas : commettre d'adultère, voler
- Déposer contre semblable en faux témoin
- Désirer la maison de ton semblable
- Désirer la femme de ton semblable, ni son esclave male, ni son esclave femelle, ni son taureau, ni son âne, ni rien de ce qui appartient à ton semblable.

Tout ceux-ci nous montre comment-est-ce que nous devenons de parents semblables aux voleurs qui n'en que pour voler, les dons spirituels que Dieu a mis dans nos enfants, nos familles, ou encore relationnelle étant d'autres. Nous détruisons l'état berger, alors qu'est faisons-nous ?

Donnons à nos enfants les pains qu'il faut ? Où la pierre, où un serpent, à la place de bon fruit. Non !!!

Ce qui détruit déjà toute une génération de père au fils, car on attribue des mauvaises choses qui désoriente la génération future qui ne plaise pas à Dieu.

« Jean : 10 :11-18 ». Car il est écrit : je suis le bon berger. Le bon berger donne sa vie pour ses brebis.

Le simple salarié, quant à lui n'est pas le berger et les brebis ne lui appartiennent pas. Lorsqu'il voit venir le loup, il abandonne les brebis et prend la fuite ; alors le loup s'en empare et les disperse.

Le simple salarié s'en fuit car il travaille pour de l'argent et ne se soucie pas des brebis.

Moi, je suis le bon berger, je connais mes brebis et elles me connaissent comme le père me connait et que je connais le père, je donne ma vie pour les brebis.

J'ai encore d'autres brebis, qui ne sont pas de cet enclos ; celle-là aussi, il faut que je les amène ; et elles écouteront ma voix et elles deviendront un seul troupeau et un seul berger.

Le père m'aime, parce que je donne ma vie pour la reprendre ensuite.

Personne ne me l'enlevé, mais je la donne de moi-même. J'ai le pouvoir de la donnée et j'ai le pouvoir de la reprendre. Tel est l'ordre que j'ai reçu de mon père « Exode : 2O : 1 »

Alors Dieu prononça toutes ces paroles, en disant : je suis l'éternel ton Dieu, qui t'a fait sortir du pays d'Egypte, de la maison des esclaves

Alors Moïse dit hobab fils de réouël le madianite le beau-père de Moïse, qu'il devrait venir avec eux, car Dieu leur avait données, la terre promise, mais celui-ci préféra retourner dans sa famille, sa parenté.

Vous voyez, combien des gens qui ne veulent pas faire la volonté de Dieu, à cause des biens matériels, car nous devons savoir comment marcher avec le seigneur Jésus-Christ.

Nous serons sauvés, car il est le chemin, la vérité et la vie, c'est dans trois jours qu'il obtient la victoire sur la mort.

Car il a dit que l'homme ne vivre pas de pain seulement, mais de la parole de Dieu. N'attirons pas la colère de Dieu uniquement pour les biens matériels. Car il est écrit dans (Math : 7 :7) continuez à demander, et on vous donnera ; continuez à chercher et vous trouverez ; continuer à frapper et on vous ouvrira.

1.2.1.2ème VERSION DE FAIT : Les Mauvaise Compagnies, ne pas S'Associer avec les Non Croyants « PS : 78 :14 », « PS : 105 : 39 », « 1Cor : 15 :32 », « 1Cor : 6 :15 :20 ». Si, à la manière des hommes, j'ai combattu contre des bêtes sauvages à Ephese à quoi cela me sert-il ? Si le mort ne doit pas être révélés, mangeons et buvons, car demain il nous faudra mourir. Ne vous égarez pas, les mauvaises compagnies ruinent les habitudes des utiles. Réveillez-vous revenez à la raison, d'une façon conforme à la justice et ne pratiquez pas le péché, car quelques-uns sont sans connaissance de Dieu. Je parle ainsi pour vous faire honte.

Notre bouche est ouverte pour vous, corinthiens, notre cœur s'est élargi. Vous n'êtes pas étroite au-dedans de vous, nous vous êtes à l'étroit dans vos propres tendres affections. Et échange donc et des enfants-vous aussi, élargissez-vous. Ne formez pas d'attelage disparate avec des non croyants. Car quels rapports ont la justice et l'illégalité ?

Quelle harmonie y-a-t-il avec un croyant ? Car nous sommes un temple de Dieu vivant ; comme Dieu a dit : je résiderai parmi eux et je marcherai parmi eux et je serai leur Dieu, et ils seront mon peuple. C'est pourquoi sortez du milieu d'eux et séparez-vous, dit l'éternel et cessez de toucher la chose impure et je vous accueillerai. Et je serai pour vous un père, et vous serrez pour moi des fils et des filles dit l'éternel le tout puissant. « Psaume : 78 : 14 »

Nous voyons, car ceux-là qui sont enfants de Dieu sont conduit par le saint esprit, alors comment pourrions-nous encore marcher avec ceux-là qui sont conduit par leur père le diable ? Qui peut nous désorienté par des œuvres malveillants, qui pourra déshonorer notre père au-devant le monde ? Lui seul qui est la lumière, qui nous conduiraient jusqu'au bonheur pour que le monde puisse s'avoir que, nous sommes des vrais fils de notre père. Car il est écrit : il les conduisait les jours par un nuage, toute la nuit par une lueur de feu. Car quelques soit par l'envoutement que nous étions lié par des œuvres impures qui nous attachées, mais notre Père qui est dans les cieux nous déliera de ces infirmités que nous sommes liés, par des œuvres des ténèbres, les viandes sacrifiés aux idoles dans les ténèbres, notre père nous conduira à la lumière, car il dit, il déploya un nuage comme un voile et un feu pour nous éclairer de nuit, « Il est l'éternel notre Dieu. Ses décisions judiciaires sont dans toute la terre. Oui, il se souvient de son alliance pour des temps indéfinis, de la parole qu'il a ordonnée, pour mille générations, alliance qu'il a conclue avec Abraham, et de son serment à Isaac, (serment) qu'il a maintenu comme prescription pour Jacob, comme alliance de durée indéfinie pour Israël, en disant :'' A toi je donnerai le pays de Canaan, comme la part de votre héritage''. » « Psaume : 105 :7-11 »

1.2.2.3ème PROPHETIE : Hobab Murmures du Peuple. Feu de Dieu

« Nombre : 10 :17-36 »

Et la division de trois tribus du camp de Ruben partit, selon leurs armées, et Elitsour le fils de Shédéour était au-dessous de l'armée de Ruben. Et Sheloumiel le fils detsourishaddaï était au-dessus de l'armée de la tribu de fils de Siméon. Et Elisabeth le fils de Deouël était au-dessus de l'armé de la tribu de fils de Gad.

Et les Qehathites, porteur du sanctuaire, partirent, car ils auront dressé le tabernacle au moment de leur arrivée.

Et la division de trois tribus du camp des fils de Dân d'Ephraïm partit, selon leurs armées, et Elishama le fils d'Ammihoud était au-dessus de l'armée d'Ephraïm. Et Gamaliel des fils de Pédalitsour était au-dessus de l'armée de la tribu des fils des Manassé.

Et Abidâm le fils de Guidéoni était au-dessus de l'armée de la tribu des fils de Benjamin.

Et la division de trois tribus du camp des fils de Dan partit formant l'arrière guide de tous les camps, selon leurs armées, et Ahiezer le fils d'Amishaddaï était au-dessus de l'armée de (Dân).

Et paguiêl le fils d'okrân était au-dessus de l'armée de la tribu des fils d'Asher. Et Ahira le fils d'Enân était au-dessus de l'armée de la tribu des fils de Naphtali. C'est dans cet ordre que (s'effectuaient) les départs des fils d'Israël, selon leurs armées, quand ils partaient.

Alors Moïse dit à Hobab le fils Réouël le Madianite, le beau-père de Moïse : nous portons pour le lieu dont l'éternel a dit :' je vous le donnerai'. Viens donc avec noms et, à coup sûr, nous te ferons du bien, car l'éternel a parlé en bien d'Israël.'' Mais il lui dit : ''je ne viendrai pas, mais c'est dans mon pays et dans ma parenté que j'irai.''(Moïse) reprit : ''s'il te plait, ne nous quitte pas, car, du fait que tu sais bien où nous pouvons camper dans le désert, tu devras nous servir d'yeux. Et il devra arriver que, si tu viens avec nous, oui il devra arriver qu'avec le bien dont l'éternel nous fera du bien, nous, nous te ferons du bien.''

Ils partirent donc de la montagne de l'éternel pour trois jours de route, et l'arche de l'alliance de l'éternel marchait devant eux, durant ces trois jours de route, afin de reconnaître pour eux un lieu de repos. Et le nuage de l'éternel était au-dessus d'eux pendant le jour, quand ils partaient du camp.

Et voici ce qui arrivait : quand l'arche partait, Moïse disait : Lève-toi, ô Dieu ! Que tes ennemis soient dispersés, et que fuient de devant toi ceux qui te haïssent intensément.'' Et quand elle se reposait, il disait : ''Reviens, ô Dieu, vers les myriades des milliers d'Israël.''

1.2.3.2ème PARTIE DE PROPHETIE : Feu de Dieu

« Nombre : 11 :1- »

Or le peuple devient comme des gens qui ont à se plaindre aux oreilles de l'éternel d'une chose mauvaise. Lorsque l'éternel entendit cela, alors sa colère s'enflamma, un feu de Dieu s'embrassa contre eux et se mit à en consumer un certain nombre à l'extrémité du camp, quand le peuple se mit à crier vers Moïse, alors il supplia l'éternel, et le feu s'affaissa. On appela donc ce lieu du nom de Tabéra, parce qu'un feu de Dieu s'était embrassé contre eux. La foule mêlée qui se trouvait au milieu d'eux exprima un désir égoïste, et même les fils d'Israël se remirent à pleurer et dirent : Qui nous donnera de la viande à manger ? Comme nous nous souvenons des poissons que nous ne mangions pour rien en Egypte, et des concombres, et des pastèques, et des poireaux, et des oignons, et de l'ail ! Mais maintenant notre âme est desséchée. Nos yeux ne sont sur rien, à l'exception de cette manne.''

1.2 .4.4ème PROPHETIE : Les Dix Commandements.

- Tu ne peux pas avoir d'autres dieux contre ma face.
- Tu ne dois pas te faire d'image sculptée, ni de forme qui ressemble à quoi que ce soit qui est dans les cieux en haut, ou qui est dans les eaux sous la terre.

Tu ne dois pas te prosterner devant eux, ni te laisser entrainer à les servir, car moi l'éternel ton Dieu, je suis un Dieu qui exige un attachement exclusif, qui fait venir la punition pour la faute des pères sur le fils, sur la troisième génération et sur quatrième génération, pour ceux qui me haïssent ; mais use de bonté de cœur envers la millième génération pour ceux qui m'aiment et gardent mes commandements.

1.2.4. CHAPITRE 2. 2 ème Version de la bible : Il faut continuer d'attendre, le salut

« Exode : 19 :20 » Ainsi, l'éternel descendit sur le Mont Sinaï, au sommet de la montagne. Puis l'éternel appela Moïse au sommet de la montagne, et Moïse se mit à monter. Dieu dit alors à Moïse :''descends, avertis le peuple de ne pas tenter de franchir les limites (et aller) vers l'éternel pour regarder : il en tomberait un grand nombre, et que même les prêtres, qui s'approchent régulièrement de Dieu ne se déchaine pas sur eux. 'Alors Moïse dit à Dieu : ''le peuple ne peut pas monter au Mont Sinaï, parce que toi-même tu nous as déjà avertis, en disant : 'Fixe des limites à la montagne et rends-la sacrée.

Ce paragraphe nous montre comment notre père vient vers nous pour nous parler, s'entretenir avec nous par des songes, des visions nocturnes, nous informé de ce qui doit arriver, ce qui se prépare, mauvaise ou bonne, lors que nous avons besoin de quoi que ce soit, de la même manière qu'il parler à Moise, c'est alors nous devons toujours nous préparer d'un jour à l'autre de la semaine à jeuner pour le seigneur Jésus-Christ parce qu'il nous a séparer avec le monde par ces meurtrissures. Car lui qui est notre offrande céleste, l'agneau immolé de Dieu.

1.2.5.2ème VERSION DE PROPHETIE : Désobéissance de Jonas

« Jonas : 1 :13 »

Car il est écrit : oui, le pays d'effet de viendra une solitude désolée à cause de ses habitants à cause du fruit de leurs manière d'agir.

« Jonas : 11 :4-16 », « « Jonas : 2 :2-10 »

Nous remarquerons que cet homme de Jonas savait tout ce que l'éternel avait déjà dit, mais il n'a pas tenu compte de la voix de Dieu. Voici ce qui lui est arrivée dans le bateau.

Souvent notre famille, notre communauté nous exposes, à cause de notre désobéissance à Dieu, c'est alors que le diable profite de nous avoir, nous manipulé, ou encore nous désorientes ; nous détruits, tout ce qui nous appartient, nos biens et services, étant d'autres.

Une fois, compris et pris conscience de ces choses initions-nous comme Jonas l'avait fait dans le ventre du poisson, en faisant de prière de supplication et jeunes avec offrandes.

Ce qui a permis à Jonas d'être vomis par le poisson, d'être libéré en prison souterrain des eaux ; car voici ce qui vous arrive, est-ce que vous n'êtes pas dans la prison souterraine du ventre d'un poisson ? Qui est le totem familial.

« 1 Samuel : 16 :5 » il est écrit : à quoi il dit : elle signifie la paix. C'est pour sacrifier à l'éternel que je suis venu. Sanctifiez-vous et vous devrez venir avec moi au sacrifice. Puis il sanctifia Jessé et ses fils, ensuite il les invita au sacrifice.

Donc pour aller auprès du père il nous faut la sanctification pour que nous ayons par, car il y a des liens qui nous réclament et change notre état spirituel vis-à-vis de notre père qui est aux cieux.

Cet état spirituel qui ne nous met pas en paix, nous mettent dans les stresse, des problèmes des facturations, des dettes, des manques des possibilités, des inquiétudes, maquant quoi que ce soit, qui nous préoccupes.

Alors, cet état spirituel et un fardeau qui doit être largué, le déposé pour que lui seul est digne de le porté pour nous.

Maintenant notre âme est desséchée. Nos yeux ne sont sur rien à l'exception de cette manne !

A propos, la manne était comme de la graine de et son aspect comme l'aspect du bedelium. Le peuple se dispersait et la ramassai, en la broyait dans des moulins à bras ou on la pilait dans un mortier, on la cuisait dans des marmites ou on en faisait des gâteaux ronds ; son goût était sucré à l'huile. Quand la rosée descendait la nuit sur le camp, la manne descendait sur lui.

Et Moïse entendit le peuple qui pleurait donc ses familles, chaque homme à l'entrée de sa tente. La colère de l'éternel s'enflamma fortement, et cela fut mauvais aux yeux de Moïse dit à l'éternel ; pourquoi as-tu fait du mal à ton serviteur et pourquoi n'ai-je pas trouvé faveur à tes yeux quand tu m'imposais la charge de tout ce peuple ?

Est-ce moi qui l'ai mis au monde, pour que tu me dises, porte-le sur ton sein comme le nourricier porte le nourrisson, vers le sol au sujet du quel tu as fait serment à ses ancêtres ? D'où aurai-je de la viande pour en donner à tout ce peuple ?

Car ils pleurent sans arrêt vers moi en disant : donne-nous de la viande, et que nous mangions !

14. je ne puis, à moi seul, porter tout ce peuple, car il est trop lourd pour moi. Si c'est donc de la sorte que tu agis avec moi, tue-moi tout à fait, je te prié, si j'ai trouvé faveur à tes yeux, et que je ne sois pas spectateur de mon malheur.

Alors Dieu dit à Moïse : réunis-moi soixante-dix hommes d'entre les anciens d'Israël, dont tu sais qu'ils sont des anciens du peuple et des préposés en son sein, tu devras les amener à la tente de réunion, et ils devront se placer là avec toi.

Il faudra que je descende et que, là, je parle avec toi, et il faudra que j'enlève une partie de l'esprit qui est sur toi et que je la mette sous toi et que je la mette sur eux, et ils devront t'aider à porter la charge du peuple, pour que tu ne la portes pas à toi seul.

Et au peuple tu diras : sanctifiez-vous pour demain, car à coup sûr, vous mangerez de la viande, par ce que vous avez pleuré aux oreilles de l'éternel, en disant : qui nous donnera de la viande à manger, car tout allait bien pour nous en Egypte ? Oui, l'éternel vous donnera de la viande, et vous en mangerez vraiment.

Vous n'en mangerez pas seulement un jour, ni deux jours, ni cinq jours, ni dix jours, ni vingt jours, mais jusqu'à un mois de jours, jusqu'à ce qu'elle vous sorte par les narines et qu'elle vous soit en dégoût, parce que vous avez rejeté l'éternel qui est au milieu de vous et que vous avez pleuré devant lui, en disant : pourquoi donc sommes-nous sortis d'Egypte ? »

2.1.1.3ème PARTIE : 5ère PROPHETIE : Peuple réclame de Viande, 70 Anciens, Cailles

Alors Moise dit : le peuple au milieu du quel je suis est de six cent mille hommes de pied, et pourtant, toi tu dis : je leur donnerai de la viande, et vraiment ils en mangeront pendant un mois de jours. Est-ce du petit bétail et du gros bétail qu'on tuera pour eux, pour que cela leur suffise ? Ou est-ce qu'on attrapera pour eux tous les poissons de la mer, pour que cela leur suffise ?

Mais l'éternel dit à Moïse : ''la main de l'éternel serait-elle écourtée tu vas maintenant si ce que je dis t'arrive ou non''

Après cela Moïse sortit et dit au peuple les paroles de l'éternel. Puis il réunit soixante-dix hommes d'entre les anciens du peuple et les fit se tenir débout autour de la tente. L'éternel descendit alors dans un nuage et lui parla ; il enleva une partie de l'esprit qui était sur lui et la mit sur chacun des soixante-dix anciens. Et il arriva ceci : dès que l'esprit se posa sur eux, alors ils se conduisirent en prophètes ; mais ils ne recommencèrent pas.

Or deux de ces hommes étaient restés au camp. Le nom de l'un était Eldad et le nom de l'autre était Médad. L'esprit alors se posa sur eux, car ils étaient parmi les inscrits, mais ils n'étaient pas sortis vers la route. Ils se conduisirent donc en prophètes dans le camp. Et un jeune homme courut informer Moïse et dit : ''Eldad et Medad se conduisent en prophètes dans le camp !

Alors Josué le fils de Noun, le ministre '' de Moïse depuis son jeune âge, répondit et dit : '' Moïse seigneur Moise, empêche-les ! Mais Moïse lui dit : ''Est-tu jaloux pour moi ? Non, je voudrais que tout le peuple de l'éternel soit des prophètes, parce que l'éternel mettrait son esprit sur eux. Plus tard, Moïse se retira dans le camp, lui et les anciens d'Israël. Et un vent se leva soudain de par l'éternel : il entrainait des cailles de par la mer et les laissait tomber au-dessus du camp, à près d'un jour de route de ce côté-ci et après d'un jour de route de ce côté-là, tout autour du camp, et près de deux cotés au-dessus de la surface de la terre. Alors le peuple se leva tous ce jour-là, toute la nuit et tout le lendemain, et ramassa sans relâche les cailles. Celui qui en ramassa le moins en recueillit dix hommes ; ils étaient pour eux partout autour du camp. La viande était encore entre leurs dents-avant qu'elle ait pu être mâchée-lorsque la colère de l'éternel s'enflamma contre le peuple, et l'éternel se mit à frapper le peuple : ce fut une très grande tuerie.

On appela alors ce lieu du nom de Qibroth-Hattava, car c'est là qu'on enterra le peuple qui avait manifesté une envie égoïste.

De Qibroth- Hattava le peuple partit pour Hatséroth, et ils restèrent à Hatséroth.

2.1.2.6ème PROPHETIE : Miriam et Aaron critique Moïse

« Nombre : 12 :1- »

Or Miriam et Aaron se mirent à parler contre Moïse à cause de la femme Koushite qu'il avait prise, car c'est une femme Koushite qu'il avait prise, ils disaient : ''Est-ce uniquement par Moïse que l'éternel à parler ?''

N'est-ce pas aussi par nous qu'il a parlé ? Et l'éternel écoutait. Et l'homme Moïse était de beaucoup le plus humble de tous les hommes qui étaient sur la surface du sol.

Puis l'éternel dit soudain à Moise, à Aaron et Miriam : ''Sortez, vous trois, vers la tente de réunion. Ils sortirent donc tous les trois. L'éternel descendit alors dans la colonne de nuages et se tient à l'entrée de la tente, puis il appela Aaron et Miriam. Alors tous deux sortirent. Et il dit : Entendez mes paroles, s'il vous plait. S'il y avait parmi vous un prophète pour l'éternel, c'est dans une vision que je me ferais connaître à lui. C'est dans un rêve que je lui parlerais. Il n'en est pas ainsi de mon serviteur Moïse il se voit confier toute ma maison.

Je lui parle bouche à bouche, lui faisant ainsi voir, et non par énigmes. Et c'est l'apparition de l'éternel qu'il contemple. Pour quoi donc n'avez-vous pas craint de parler contre mon serviteur, contre Moïse ?

Et la colère de l'éternel s'enflamma contre eux, Et il s'en alla.

Le nuage se retira d'au-dessus de la tente, et voyez, Miriam était frappée d'une lèpre blanche comme la neige.

Alors Aaron se tourna vers Miriam, et, voyez, elle était frappée de la lèpre. Aussitôt Aaron dit à Moïse : pardon, mon seigneur ! Ne nous impute pas, s'il te plait, le péché dans lequel nous avons commis !

S'il te plait, qu'elle ne reste pas ainsi comme un enfant mort dont la chair est à demi rongée au moment où il sort de la matrice de sa mère ! Et Moïse se mit à crier vers l'éternel, en disant : ô Dieu, s'il te plait ! Guéris- la, s'il te plait !

Alors l'éternel dit à Moïse, si vraiment son père lui crachait pendant sept jours au visage, ne serait-elle pas humiliée pendant sept jours, qu'elle soit mise en quarantaine ''en dehors des camps pendant sept jours, et après, qu'elle soit admise. Miriam fut donc mise en quarantaine en dehors du camp pendant sept jours, et le peuple ne partit pas, jusqu'à ce que Miriam, ait été admise. Après quoi le peuple partit de Hatséroth et établit son camp dans le désert de Paran.

Voyons ceci, il y a bon nombre des gens qui sont sous une malédiction, ou soit d'une réclamation lieux à leurs vies, ronger ses affaires, une limitation d'une vie de sa famille. D'autres sont retenus là où ils les avouent au-devant le monde.

Vous remarquez des épidémies, ou les pandémies qui trouble le monde, la plupart de fois, sont ceux-là qui sont sous la malédiction est atteinte par les mauvais sort des féticheurs, par des réclamations, où soit par le mauvais sort des sorciers et des démons, des magiciens qui réclamés des esprits pour leurs offrir des sacrifices. Il y a beaucoup des gens dans le jour d'aujourd'hui qui insulte les serviteurs de Dieu par leurs comportements, oui c'est vrai ! Cette façon de se comporter n'est pas bien envers un homme de Dieu, mais, faites-attention pour n'est pas être entendu par Dieu. Car plusieurs parmi vous aujourd'hui sont sous l'emprise du diable à cause de leurs langages et incrédulités vis-à-vis des hommes de Dieu.

Aujourd'hui vous vivez seul sous une malédiction, sans que vous le sachiez, c'était par mégarde de vos dires.

Encore aujourd'hui, vous vivez dans un monde de voleur, parce que vous avez fait des déclarations démoniaques, qu'on vous avait récité sans tenir compte des inconvénients, des invocations des démons, c'est un danger permanant que vous attiré à vous et à vos enfants.

Voyez, maintenant ce devenu une responsabilité des autres, cette cause maléfique est devenue une qualification des parents ou quelqu'un d'autres.

Nous devons savoir que Dieu à d'autres particularités avec ses serviteurs.

Voyons comment Aaron et Miriam sont devenus impure, à cause de leurs incrédulités, pour croire qu'en prophétisant où en parlant en légère contre oint de Dieu, soit en faisant des bonnes œuvres dans l'église pour l'Eternel, ils essayent de se venter vis-à-vis des Moïse le représentant de Dieu.

Et la colère de l'Eternel s'enflamma contre eux, et il s'en alla. Le nuage se retira d'au-dessus de la tente, et voyez Miriam était frappé d'une lèpre blanche comme la neige.

Aussitôt Aaron dit à Moïse, pardon, mon seigneur ! Ne nous impute pas, s'il te plait, le péché dans lequel nous avons commis. Et voici celui-ci est guéri ! Mais Miriam et mis en quarantaine à cause de l'incrédulité.

De fois lorsque vous remarquez que vous aussi vous êtes passé à des étapes d'une vie Pareille. Fais-le, ne vous retenez pas, allé vite demander pardon auprès de cet homme, ou soit si cette personne ne plus en vue, ou soit ne pas près de vous aller vite demander pardon à Dieu et faite votre prière de supplication avec votre offrande auprès d'un serviteur de Dieu qu'il prit pour vous pour la rémission de péché. Puis renoncé à toutes ces choses de n'est plus le recommences.

Remarquons, la dénomination des églises qui se divisent et se séparent, mais qu'ils arrivent que des gens qui profèrent des mauvaises paroles aux hommes de Dieu.

A. Est-ce que ton témoignage coïncide à ton esprit ?
B. Est-ce que votre témoignage coïncide à votre foi ?

Nous sommes tous ensemble par la foi, à communiquer dans le calme, la paix, il se peut que nous ne soyons pas d'accord dans les principes de la doctrine qui nous différencie, mais dans la vraie parole qu'il nous faut pour la vie éternelle, elle est tellement ensemble. (Romains : 8)

Dieu sait ce qu'il y a dans l'homme, il sait aussi ce qu'il y a dans l'église. Nous devons savoir que nous sommes ceux, qu'il soit baptiste, ou Brahnamistes, étant d'autres, nous sommes uniquement enfant de Dieu en Un.

Bien aimé : vous devez faire un choix, s'attaché à la parole qui est écrit à la bible. Faite votre choix, mettez-vous de leur côté ; soutenez-le par vos prières. Faites comme Moïse qui se tenez sur la fenêtre regardant les Israéliens, de même aussi pharaon qui regarder buvant du vin souriant, mais Moïse n'a pas regardé aussi de la même manière, il pouvait aussi faire de la même façon, mais il est descendu, se battu pour ses frères, jusqu'à leurs défendre.

Alors, vous ! Qu'est faite-vous pour soutenir les autres qui n'arrive pas à sortir du trou profond de l'abimes, quelques soit leur profondeur, le diable cherche toujours un moyen pour s'infiltré pour incités les enfants de Dieu à faire sa volonté.

Voyant la femme Samaritaine, elle aussi avait entendu parler de messie qui viendra sauver le peuple de Dieu, les anciens et les mages contrôler les temps par des signes et les prodiges. Qu'avez-vous déjà entendu de Dieu pour vous ? Quelle est la promesse de Dieu dans votre vie ? Dans votre mariage, santé, travaille, recherches, ou encore tant soit peu sur ce que vous cherchez.

Qui ne s'est pas encore jamais réaliser jusqu'à ce-jour, qu'avez-vous déjà fait ? Vous me direz, encore oui ! Nous le faisons déjà, il n'y a rien de nouveau ici-bas, certainement vraie, mais de quelle manière, avez-vous fait cela ?

Car la bible dit, vous demandé, mais vous ne recevez pas, parce que vous demandé mal, or lorsque nous lisons la bible dans « Matthieu : 7 :7 ». Il est écrit : continuez à demander, et on vous donnera ; continuez à chercher, et vous trouverez ; continuez à frapper, et on vous ouvrira. « Matthieu 10 :14 ». Il est écrit :'' Partout où quelqu'un ne vous recevra pas ou n'écoutera pas vos paroles, en sortant de cette partie de la parole du maître à ses disciples qui recommande de n'est pas se fatigué, qu'il faut toujours continuez, à demander, à frapper, à chercher, combien de fois avez-vous déjà fait cela ?

Déjà vous vous êtes fatigué, et en êtes-vous pris de décision de ne plus le faire encore parce que vous étiez déçu autres fois.

- Qui cherchait vous pour qu'il vous donne ?
- Qui demandez-vous ?
- De quelle porte avez-vous frappé ?

Tels que vous les faites, est-ce qu'avez-vous fait des offrandes comme les parents de Samson, l'avait fait devant l'ange de Dieu ?

Ou vous le faite seulement par ignorance comme tout le monde l'ont fait dans le temple devant jésus christ, mais faites-le comme la femme qui a mis les deux pièces dans les panier, faites-le pour être connus par le seigneur, c'est bien avoir des relations, les parents, les amis, les connaissance, étant d'autres, c'est que nous recevrons d'eux que la déception, Parce qu'ils n'arrivent pas à satisfaire vos besoins, ou encore répondre à vos attentes, car notre maître le seigneur Jésus-Christ vous dit ceci dans « Matthieu 10 :11 »

''Dans quelque ville ou village que vous entriez, cherchez qui en cet endroit est digne et restez là jusqu'à ce que vous partiez. ''

''Quand vous entrerez dans la maisonnée ; saluez la maisonnée et si la maison en est digne, que la paix que vous lui souhaitez vienne sur elle ; mais si elle n'en est pas digne, que votre paix retourne sur vous.''

Très cher(es) frères et sœurs !!!Dans le seigneur.

Je vous dis en vérité que nul par un ange où notre seigneur est venu avec la paix auprès des démons, car la paix qu'ils ont amenée qu'auprès de ceux-là qui reçoivent la bonne nouvelle, tel que marie la mère de Jésus-Christ, lorsque l'ange Gabriel l'avait apparu, le mot était, Salut et la paix.

Les démons ne supportent pas nos salutations et notre paix, ils sont tourmentés sur cette paix, car cette paix blanchis l'état spirituel d'un homme impur, or eux tel qu'ils sont là, quelques soit l'image qu'il vous donnera, finirons par être découvert, par leurs caractères et comportement, et leurs signes impurs, car le seigneur nous dit, dans « Matthieu 10 : 16-17 » voyez ! Je vous envoie comme des brebis au milieu des loups ; montrez-vous donc prudents comme des serpents et pourtant innocents comme des colombes. Méfiez-vous des hommes ; car ils vous livreront à des tribunaux locaux, et ils vous fouetteront dans leurs synagogues, Oui, vous serez trainé devant des gouverneurs et des rois à cause de moi, en témoignage pour eux pour les nations.

Cependant, lorsqu'on vous livrera ne vous inquiétez pas de (savoir) comment vous parlerez ou ce que vous aurez à dire, car ce que vous aurez à dire vous sera donné à cette heure-là ; car ceux qui parlent, ce n'est pas seulement vous mais c'est l'esprit de votre père qui parle par vous. De plus, le frère livrera sa fière à la mort, et le père son enfant ; et les enfants se dresseront contre les parents et les feront mettre à mort. Et vous serez les objets de la haine de tous à cause de mon nom, mais celui qui aura enduré jusqu'à la fin, celui-là sera sauvé. Quand on vous persécutera dans une ville, fuyez dans une autres ; car vraiment, je vous le dis : Non, vous n'achèverez pas le tour de ville d'Israël avant que n'arrive le Fils de l'homme.

« Matthieu 10 :26 »

''Ne le craignez donc pas : car il n'y a rien de voilé qui ne vienne à être dévoilé, et rien de secret qui ne vienne à être connu. Ce que je vous dis dans les ténèbres, dits-le dans la lumière ; et ce que vous entendez chuchoter, prêchez-le (du haut) des toits en terrasse.''

2.1.3.1er VERSION DE FAIT : Les 12 Apôtres.

« Matthieu : 9 :35 »

En voici la bible nous dit que : ''Et Jésus faisait le tour de toutes les villes et des villages, enseignants dans leurs synagogues, et prêchant la bonne nouvelle du royaume, et guérissant toutes sortes des maladies, et toutes sortes d'infirmités

En voyant les foules, il en eut pitié parce qu'elles étaient dépouillées et éparpillées comme des brebis sans bergers.

Alors il dit à ses disciples : ''Oui, la moisson est grande, mais les ouvriers sont peu nombreux.'' Priez donc le Maître de la moisson d'envoyer des ouvriers dans sa moisson.''

« Matthieu : 10 :1 »

Et il fit venir ses douze disciples et leurs donna pouvoir sur les esprits impurs, pour les expulser et pour guérir toutes sortes de maladies et toutes sortes d'infirmités.

- Voyons Abraham : avait besoin d'un enfant, Dieu lui a donné une nation ; ta bénédiction sera plus grande que ta souffrance.

2.1.3.7éme PROPHETIE : Interprété les Langages Spirituels.

Ici sur terre, nous sommes venus en pèlerin, tel que joseph, qui est arriva en Afrique comme esclave, au milieu du loup qui sont les Egyptiens lui était prudent et innocent, c'est ainsi que l'Eternel l'avait de fait ministre du devant tous ce qui chercher à le dévorer, lui qui avait des ails comme la colombe, leur avait échappées. En volant par un niveau élevé, sans pour autant qu'il les attrapes.

Le seigneur nous recommande de nous méfiez des hommes, qui sont ces homme un membre de famille, un camarades, une connaissances, un collègue, un amis un inconnus ou autres, on nous livreront à des tribunaux locaux, les tribunaux des sorciers, des démons, pour nous condamnées et nous trainer sur la croix, comme ils ont fait à notre maître, Jésus-Christ, il vous fouetteront dans leurs synagogues, leurs objectif c'est de nous voir pleurer, nous voir souffrir, afin de nous juger, tel qu'ils ont fait à christ, ils aiment pas que nous élevons nos voix à la vérité, il veulent nous faire taire par leur envoutements diaboliques, pour nous humilier par leur envoutement mensongères.

Tellement que nous sommes esclaves, comme Joseph qui a était trainé en prison par l'accusation de la femme de Ponti fard, comme étant d'autres, qui ont marché avec Dieu, avaient aussi étaient trainé devant leurs chefs, les gouvernements et les rois nous condamnées pour n'est pas acceptées leurs intérêts, la part du diable, lorsqu'il n'a été pas appuyé, il vous fera humilier pour que vous soyez exposé devant le monde, pour être bannie de la société.

Le diable et son gouvernement veulent nous affaiblir pour que nous abandonnions à s'être ferme dans le seigneur.

Lorsque vous êtes exposé devant les tribunaux, ou devant tout problème qui vous arrive, tenez bon qu'il y a quelqu'un qui doit vous soutenir, a vu votre force s'épuisée, sachez-le qu'il y a ton Père qui est aux cieux vous écoute, et vous regarde de la manière dont vous vivez.

N'ayez pas peur en quoi vous direz, faites seulement votre prière, dites ce qui vous préoccupe au cœur dans la paix, malgré les chocs, faites-le d'une manière concentrée avec une ferme assurance, vous verrez la réponse à votre sujet.

Vous pouvez vous retrouver dans une famille des sorciers, ou des magiciens, ou encore des féticheurs, des voleurs, tricheurs, etc.

Sachez-le que vous aurez du mal une fois que vous vous décidé de n'est pas marcher avec eux, ils voudront que vous fassiez de la même façon qu'eux. Ils vous combattront, ils chercheront toujours vous contrôler pour vous affaiblir, ou encore vous éliminée s'ils trouvent que vous cherchez un moyen de vous en sortir, ils seront prêts à vous supprimer si possible pour conserver leurs intérêts.

Il y a aujourd'hui des enfants qui chercher à exposer leurs parents à cause des biens matériels, à cause de la magie, tout autres intérêts, il y a beaucoup de nos frères et sœurs qui sont exposé à ces difficultés, sans être pris en charge, par manque d'appui familial, les parents qui ne soutiennent pas leurs enfants, uniquement parce que celui-ci prie, parce que son fils ou fille obéis à la parole de Dieu. C'est devant une tribulation, le seigneur nous recommande de fuir, quand on vous persécutera dans une ville, fuyez même les amis, toutes personnes qui ne vous convient pas, qui vous persécute, évitez le milieu mal instruit qui vous détruits, tel que dit dans la bible, sortez au milieu d'eux.

Lorsque vous constatez partout où vous passez qu'il vous arrive toujours la même chose, faite votre prière de supplication en Jeunes avec offrande d'un grand sacrifice, si c'est difficile allé auprès d'un serviteur de Dieu pour vous accompagner comme Anna la mère de prophète Samuel avait faite, le seigneur lui-même a dit, vous n'achèverez pas le tour de la ville d'Israël avant que n'arrive le fils de l'homme. Il vous arrivera toujours une suite favorable auprès de Dieu votre Père.

Le seigneur nous dit de ne pas leur craindre, car tous ces qu'ils nous caches, c'est pour nous voilé la face, pour que nous trébuchons dans le mal, voyons que même notre seigneur nous dit, tout ce que je vous dis dans les ténèbres dites-le dans la lumière, faite en sortes que tout ce que vous avez entendu, par la tradition, coutumes, des sciences aux cultes, des n'importe qui, ou quel principes qui a lieu à la divination, qui ne vous permet pas de le divulgue, il est temps que vous le faites. Faite-le, sinon il sera trop-tard. (Matthieu 10 :26)

Car ils deviendront plus fort, il faut que vous les exposés par la lumière du saint esprit, comme notre seigneur l'avait fait sur la croix au mont Golgotha, faite-le pour qu'ils affaiblissent.

2.1.4.8ème PROPHETIE : Les Prophètes Masquer : « Matthieu : 7 :15-23 ».

Les prophètes Balam, il y a des gens qui maitrise bien les choses de Dieu, mais ne marche pas avec Dieu, ils ont l'expérience des choses de Dieu, mais n'obéissent pas à la parole de Dieu.

Ils ont des notions, de consulter pour savoir ce que Dieu dira, par exemple : le beau-père de Jacob, Saoûl était bannie par Dieu, consultant une voyante pour élever l'esprit du prophète Samuel, comme Laban qui chercher à tuer Jacob, mais d'une autre façon discuter toujours ensemble avec Jacob, même lorsque Jacob devrait se séparer de lui, et voici-celui-ci chercher même à faire l'alliance avec Jacob par crainte que Dieu lui tue.

Donc, il y a des gens qui vous montreront qu'ils sont de Dieu, ou sont ces enfants, soit encore des serviteurs de Dieu. Mais, ne les sont même pas, car ils se sont couverts la peau de l'agneau, faite attention lorsque vous le consulter, ne faites pas toujours confiance au début de votre rencontre. Lorsque vous rencontrer qui que ce soit, faites toujours votre prière en demanda à votre Père qui vois tout, même dans les ténèbres, vous le fera dévoiler a la lumière tout ce qui est caché. Voyez ! Les faites que Dieu interdit à balan de n'est pas maudire les enfants d'Israël, celui-ci n'a pas pu le faire, sachez-le que lorsque vous faite votre prière de la manière dont je vous le dis, vous ne serait jamais déçu. Cette invocation de Balan n'avait pas réussi à cause de leur alliance d'offrandes de l'agneau, car ils avaient déjà scellé leur parcours, et vous, que faites-vous avant de débuter quelque chose, vos études, votre travail, une affaire, votre voyage, le mariage étant autres ? Avez-vous offert une offrande à Dieu avant d'entamée une activité quelconque ?

Remarquez dans Job, lorsque Satan s'amuser de la vie de Job, il pouvait tout faire de sa vie, mais lorsque le jour où Dieu interdit à Satan de n'est pas s'abuser de sa vie, ou encore touché à la vie de Job, voici ! Que Satan n'a pas pu encore toucher même à un seul cheveu de sa tête. C'est ce que l'Apôtre Paul dit, faite toujours, en tous les temps toutes sortes des prières des supplications, c'est-à-dire.

2.1.5.1ère VERSION DE PROPHETIE : Le Contraire du Bonheur.

« Ecclésiastes : 6 :8 »

Donc, la prière ne doit pas seulement s'arrêté dans un même contexte il faut aussi faire d'autres prières, par exemple : Prière de confession, de purification, demande de l'onction du Saint-Esprit, de supplication, de combat spirituel qui pourra toucher Dieu pour vous libérer dans le mal.

Car lorsque vous serez limitée par une même méthode de prière, a risque que ceux qui vous combattaient comprennent vos techniques et stratégies, ils vous atteindront par d'autres procédure, que vous ne maitriserez pas facilement, c'est pour cela que vous remarquerez, souvent vous prié, mais votre situation ne change pas du tout. Il peut y arrivées que Dieu permet que vous trainer dans un trou pour vous apprendre a modifié votre façon de prière, de même lorsque Pierre et Jacques étaient arrêtés en prison, les autres chrétiens dans la chambre haute ne pouvaient pas imaginées qu'il leurs arriverais qu'on tue Jacques de cette façon, c'est ainsi qu'ils ont modifiées la façon de prier et voici la réponse qui arriverait à Pierre d'être libéré par le seigneur Jésus Christ, peut-être aussi c'est une écoles d'apprentissage de Dieu pour vous élever, mais lorsque vous faites toujours vos offrandes vous verrait cela s'accomplir rapidement par sa volonté, parce qu'il y a d'autres personnes de bonne vie qui étaient bien vêtu, vous attire par les bien matériel sont née d'une famille aisée, mais sont devenus trop malheureuse après avoir compris ces choses. Les autres riches cherchent à vous attirer de leurs biens matériels pour vous faire croire qu'ils sont bénis par Dieu.

Comme vous remarquerez cette partie montre comment le diable change des stratégies seulement pour vous atteindre, et surtout, lorsque vous êtes attiré par les biens matériels, dans chaque pas de votre vie quotidien malgré que vous puissiez connaître les sorciers de votre famille, ou soit un prophète avait déjà prophétise sur vous, vous a déjà parlé de qui que ce soit, celui-là que vous identifiez bien, même par votre songe, ou vision.

Vous devez savoir qu'il y a toujours ceux-là que vous ne connaissez pas, des sorciers, ou esprits humain qui ne s'identifient pas facilement, qui se cachent derrière les autres, ou s'incarne dans vous sans pour autant que vous le connaissiez, qu'il y a aussi d'autres sorciers qui vous courtois, il peut y arrivé que vous faite une chose que vous ne métrisé pas physiquement, soit sont des personnes qui vous rendent service physiquement uniquement pour connaitre votre abutions, ils vous accompagnent, vous prodigue des conseil, ces gens partages le même toit avec vous, qui peut aussi être votre femme, marie, enfants, amie, une connaissance, un collègue, parrain, beau-père, belle-mère, parent, bailleurs, locataire, membre de famille, etc.

Tout ceci, sont semblable à ceux qui vous surveille, transmettent tous vos informations d'une manière ou d'une autres, seulement pour que vous n'avancé pas, ils sont là uniquement pour vous retenir, afin que vous ne faites pas quelque chose qui ne doit pas être caché de leurs face, ils vous retiennent, la plupart de fois sont des Démons Géant, car leurs stratégie sont tellement trop efficaces, ils vous réclament fortement, leurs objectifs, c'est de vous voir toujours être à votre limite, cachot, en prison, ils sont trop organiser, ils organisent même des plan pour que vous ne sachez-pas, ils sont capable de contrôler toutes personnes qui vous approches, vos informations, vos contacts, vos main œuvres, tous ce que vous préparé à faire, donc c'est-à-dire, c'est comme nous regardons la télé, ou un film, ils a jettent des mauvais sort et regarde leurs télé pour modifier vous informations, tous ce qui est à vous. Dans les sens négatifs. Ils sont résistants comme les Démons qui ont résisté les disciples de Jésus christ, jusqu'à ce que les parents de l'enfant puissent allés auprès de leur Maître pour que l'enfant soit délivré de ce Démons qui le faisait tomber par terre. Jésus leurs recommandant en disant ces sortes démons ne sort que par les Jeûnes et prières.

Ils sont capables de vous envoyer même un serviteur démon uniquement pour que vous ne compreniez pas ceux qui vous contrôlent, et cherche à prendre le contrôle de votre vie, par exemple : un marie qui fait des beaucoup d'enfants et s'enfui, une femme qui se prostitue en dehors du toit maritale, les maladies incurables, maladies héréditaires, ils font semblant de vous soutenir à vos souffrances comme les amis de job.

Celui-là fera comme ceci, ils seront à vos côtés pour vous désorienter à vos objectifs, à désobéir à la voie de Dieu « Job : 42 :7 » « Ecclésiastes 7 :8 »

Exemple : voyons les amis de Job, et sa femme comme ils lui parlé d'une manière à lui désorienté.

- Remarquons le comportement de Tobija et Sambala qui faisaient sembla d'être ensemble avec leurs frères d'Israël, mais voici leurs comportements malveillants, se comploter avec les ennemis d'Israël les philistins. Qu'il faut toujours s'en méfier d'eux.

Combien de nos proches qui se comportent ainsi, nous-avons déjà compris leurs objectifs, pour quoi ils sont là, qu'est veut-t-ils de nous ? Toutes ces personnes que nous ne maitrisons pas, même par leurs noms, dans les chambre noir et rouge, consultant des divins, sous les eaux, sur les montagnes, les cimetières forêt noir, vous jettent les mauvais sorts et les liens qui vous attaches.

Même lorsque vous vous êtes éloigné loin d'eux, d'un pays à l'autre, ou des maisons à une autres, à risque que vous y allée encore dans un endroit plus dangereux qu'au paravent. En toutes circonstances, bonne ou mauvaise, ayez toujours abattu en vous déplaisant faite toujours votre prière de supplication avec des offrandes, le seigneur Jésus Christ nous recommande se disciples lorsque nous seront reçu dans une maison n'allons pas ça et là, restés y. Car à risque, en vous analysant votre fuite, qu'ils vous jetterons même les mauvais sort à distance il sont capable de vous suivre spirituellement de là où vous êtes déplacé du milieu à laquelle vous êtes allé habiter, à autres endroit par laquelle vous vous cachées, ils sont capable d'utiliser toutes les moyens possible pour vous atteindre, c'est ainsi, il vous est recommandé de faire toujours vos offrande, Dimes, actions des grâce, en compagnie de votre prière c'est alors, que le projet de vos ennemis tomberont par échoué. S'il remarque que vous les soupçonnées ils risqueront de vous abattre les plus vite, sinon vous devenez trop dangereux pour eux, car ils verront que s'ils n'arrivent pas à vous tuer, ce sera vous qui va le pendre sur la corde comme leurs Père Juda, ils ont utilisé Juda contre Jésus-Christ sur la croix et jusqu'à la terrible souffrance. Ils sont nombreux qui t'accompagne à ta tombe, te tué, te déséquilibre, tes initiatives progressives eux cherche à le faire écouler par terre pour tes retourner toujours vers eux. Ils s'organisent à tes préparé des bonnes choses que ton cœur aime, de belles femmes, des beaux hommes, en pratiquant toutes les pratique uniquement pour t'avoir.

En voici ce que le seigneur Jésus-Christ nous avait démontré sur la montagne qui est l'offrande sacrées après six jours, car nous savons que la bible nous parle dès la création comment Dieu avait créé les cieux et la terre, pendant six jours et il s'est reposa au septième jour.

En ce niveau le septième jour, Jésus amena ces disciples dans la haute montagne, à part. Tel que la bible le décrit en ces termes. Et il fût transfiguré devant eux or lorsque la bible nous parle d'une montagne à part, c'est qui veut dire la montagne de Dieu. Par laquelle n'importe qui n'est peut franchir, car c'est de là qu'il y a la solution, c'est par là qu'il transforme les gens qui lui cherche avec une ferme assurance. Par les six jours de travail de Jeûnes et prières des supplications e avec l'offrande.

C'est à ce niveau que ces sortes des démons ne restent pas, car il vous transformera, le Père, Jésus et le Saint-Esprit viendrons habitées en vous, tel que Pierre demande l'autorisation auprès du seigneur jésus Christ de dresser trois tentes une pour le Jésus-Christ, une pour Moise, et une pour Elia.

Car notre corps, âmes, et esprit sera une demeure de Dieu, le mal ne pourra y habiter, et notre visage brillera comme le soleil, et nos vêtements spirituel deviendrons éclatant comme la lumière. C'est alors que notre face sera par terre, par crainte de l'éternel, par l'obéissance de son nom (Eternel Dieu Père céleste), qui vient nous toucher en disant : levez-vous !!! Et n'ayez pas peur.

En quoi avez-vous peur du diable, qui n'est pas plus que notre père dans les cieux, celui qui vous transforme de briller comme le soleil.

Tenez-bon disciplinez-vous pour ce bon œuvre, cette étude vous amènera très loin, vous transformera, faites-le, même avec du fruit après Midi, ou avec les légumes, ou soit avec de l'eau, ou à sec. Si vous tenez bon, à la fin faites-votre offrande de votre sacrifice et demandé votre signe auprès de votre Père céleste, voyez s'il ne vous répondra pas.

Gardé silence !!! Seul Jésus-Christ que vous verrez devant vous, comme fût les disciples, lorsqu'ils levèrent les yeux, ils ne virent personne, si non Jésus-Christ lui-même.

Lorsque vous descendrait de cette montagne, Jésus-Christ vous recommandera, en disant : soit relevé d'entre les morts.

Et ne parle de cette vision à personne, vos projets avec les seigneurs Jésus-Christ. Soit toujours un homme ou une femme de secret ; il accomplira votre projet, il accomplira sa promesse.

Tenez-vous toujours avec une ferme assurance, en continuant avec la prière de supplication, lorsque vous remarquerez que s'attardent faite tous les temps ; les offrandes, comme la femme samaritaine qui fessaient, que puisez de l'eau dans les trous jusqu'a rencontré le seigneur Jésus-Christ dans sa vie.

Voyons comment les enfants d'Israël, on en peur au moment de la rencontre avec l'éternel sur la montagne de Sinaï, car ils n'étaient pas prêts à cause de leurs incrédibilités ; ne retenons pas nos cœurs par manque de connaissance ou d'ignorance à la parole de Dieu.

Beaucoup parmi-nous on vécut des choses durs dans leurs vies, jusqu'à perdre du temps pendant si longtemps jusqu'à le discerner à des âges avancés, par manque de connaissance, et par l'ignorance des écritures, et même des enseignements erronés. Soyons comme la femme samaritaine qui au préalable, savait que le messie devrait venir, ainsi que les gens de son pays et de sa maison, elle a été sauvée à cause d'un puits d'eau.

Car le puits c'est un endroit qui leur séparé entre Jérusalem et la Samarie c'est par l qu'elle se rencontre avec le seigneur Jésus-Christ

Quelle sorte de limite tirés de votre famille, par quel endroit avait-vous été retenu ? Dans les puits, le cimetière, le foret, la frontière, les ténèbres, le cachot, prison cosmique ? Faite comme la femme samaritaine qui avait compris de recevoir l'eau vive, l'eau abondante de la vie éternelle qui ne s'épuisera pas.

Que de continué de puiser l'eau de leurs Père Jacob, vous aussi vous avez de signes qui vous retiennent, car il y a des signes qui se manifeste pour donner des preuves de son efficacité, mais ce signe n'est pas celle de Jésus-Christ, parce qu'il ressemble aussi à celle de la femme samaritaine, que dit-on elle se tenait aussi aux principes de leur père Jacob.

Mais, en voici, l'abandonnant et alla appeler les gens de sa patrie, de venir voir celui qui dit tout ce qu'elle avait fait, le vrai homme qui convenait dans sa vie. C'était Jésus-Christ, le seul puis qui ne se tarit pas dans votre vie.

Si vous êtes bloquée dans un trou ancestral, la seule personne qui peut te faire sortir de là, il n'y a que Jésus-Christ, malgré la profondeur, quelques soit les temps, ou soit sa conviction maléfique. Vous retenez, à tel point que vous ne croyez à une autre personne.

2.2.1.2ème VERSION DE FAIIT : La Transfiguration. Jésus Annonce sa Mort.

« Matthieu 17 :1- »

Six jours plus tard Jésus prit avec lui Pierre et Jacques et Jean son frères et il les emmena dans une haute montagne, à part. Et il fut transfiguré devant eux, et son visage brilla comme le soleil, et ses vêtements des dessus devinrent éclatants comme la lumière.

Et voici que leur apparurent Moïse et Élia, s'entretenant avec lui alors Pierre dit à Jésus : « seigneur, c'est une excellente chose que nous soyons ici si tu le veux, je vais dresser ici trois tentes une pour toi et une pour Moïse et pour Élia. Tandis qu'il parlait encore, voici une voix, venue du nuage, qui disait : celui-ci est mon Fils, le bien aimé ; que j'ai agrée ; écoutez-le.

En entendant cela, les disciples tombèrent sur leur face et eurent très peur. Alors Jésus s'approcha et, les touchant, il dit : levez-vous et n'ayez pas peur.

Lorsqu'ils levèrent les yeux ils ne virent personne, si non Jésus lui-même, seul.

Et comme ils descendaient de la montagne, Jésus leur recommanda, en disant : Ne parlez de cette vision à personne, jusqu'à ce que le fils de l'homme soit relevé d'entre les morts.

2.2.2.3éme PROPHETIE : Réponse de Dieu, sur L'Autel.

La bible nous indique qu'ils arrivèrent à l'endroit que lui avait indiquée Dieu c'est à ce niveau qu'Abraham bâtir un autel ; il disposa les bois, ligota Isaac son Fils et le mit sur l'autel par-dessus le bois. Puis Abraham étendit la main et pris le grand couteau pour tuer son Fils. Mais l'ange de Dieu l'appela de cieux et dit : Abraham ! Abraham ! A quoi il répondit : Me voici ! Il reprit ''n'étends pas la main contre le garçon et ne lui fait rien ; car à présent je sais vraiment que tu crains Dieu, puisque tu ne m'as pas refusé ton Fils, ton unique'' : Alors Abraham leva les yeux et regarda, et voici qu'a quelque distance de lui y avait un bélier pris par cornes dans un fourré Abraham alla donc prendre le bélier et l'offrit en holocauste à la place de son fils « Genèse 22 :9-13 »

Ici la bible nous montre comment est-ce que Dieu n'a jamais voulu que le sang de ses enfants puisse couler aux mains des leurs ennemis, de nos familles et tant d'autres. Toutes ces personnes qui se sont préparé en complicité contre nous, qui ont préparé déjà leurs offrandes sacrifiées aux idoles, pour nous écouler à terre, qui se sont convenu en complicité, de nous traduire en justice pour leurs intérêts sans cause. En faisant mention d'avoir raison, mais il n'est l'on pas. Car Dieu par son amour infini avait déjà prévu son bélier, qui est l'agneau de Dieu qui devrait être crucifié sur la croix au mont Golgotha. C'est ainsi que nous remarquerons Abraham lorsqu'il alla vers la montagne pour offrir à Dieu son offrande ; il est écrit : l'endroit était bien indiqué par Dieu, et c'est à ce niveau qu'Abraham bâtira l'autel pour offrir à Dieu.

Nous voyons qui l'indiqué sur l'Autel, il y avait le bois était pausé et ligota son fils Isaac. Et le mit sur l'autel par-dessus le bois. Puis

Abraham étendit la main et pris le grand couteau pour tuer son Fils. Lorsque la bible nous parle dans « Jean : 10 :10 » que le voleur ne vient que pour voler, égorger et détruire.

Nos ennemis nous veulent pour leurs sacrifices, cette connaissance est importante pour nous et à nos enfants, ce que Dieu nous avait données, les dons spirituels, ses promesses qu'il nous a faites, eux veulent nous égorgés comme on emmène un bélier dans un abattoir pour tuer, et ils nous ligotent pour que nous ne fuyions pas de leurs captivités, de leur emprise diabolique. Et nous pause sur le bois comme on a posé notre seigneur Jésus-Christ sur la croix au mont Golgotha. Il prépare leurs couteaux pour nous égorgés comme ils ont poignardé notre seigneur Jésus-Christ sur la poitrine.

Montre comment nos ennemis nous ligotent par des liens, pour nous attirer du malin, il nous attache par des liens familiale, relationnelle, du mariage, doctrinale, ancestrale, ethnique, amicale, paysans et d'autres.

C'est-à-dire pour que nous soyons liés par cette corde, il faudra qu'il y soit une méthode que le malin doit préparer pour que nous soyons attirés vers lui, il y a aussi d'autres méthode à laquelle nous avons déjà trouvé ici-bas, depuis l'antiquité jusqu'à nos jours.

Car la bible nous recommande d'aimer son prochain comme soi-même, dans cette requête, nous serons très bousculés par « Mathieu 7 :21-23 ». Lorsqu'on me dit : Seigneur, Seigneur ! N'entrera pas forcément dans le royaume des Cieux, mais celui-là seul qui fait la volonté de mon Père qui est dans les Cieux. Beaucoup me diront en ce jour-là : Seigneur, Seigneur ! N'est-ce pas en ton nom que nous avons fait beaucoup de miracles ?

Alors je leur déclarerai : je ne vous ai jamais connus, retirez-vous de moi, vous qui commettez l'iniquité. »

Dans la suite de « ''Jean 10 :10b'' », le Seigneur dit : Moi, je suis venu afin que les brebis aient la vie et qu'elles l'aient en abondance

2.2.3.4éme PARTIE : Les Sacerdoce Universels des Enfants de Dieu

« Jésus-Christ à fait de nous un royaume, des sacrificateurs (littéralement ''prêtres'' pour Dieu son Père « Apocalypse : 1 :6 » dans l'ancien testament, si Dieu a ordonné la construction du temple, ce n'était pas d'abord pour des cérémonies culturelles, mais bien pour communiquer ses instructions à

Moïse puis aux prêtres, pour qu'un peuple d'esclaves devienne une nation d'Israël « Exode 25 :22 ».

Les premiers livres de la bible contiennent toutes les informations qui ont permis aux hébreux de passer, en quelques dizaines d'années, du stade de ''peuple esclave'' à celui de « peuple le plus avancé de son époque » avec un plein accomplissement au temps de David et Salomon. Dans le période d'idolâtrie, Israël aurait pu atteindre ce haut niveau de vie beaucoup plus vite. A ce sujet, d'aujourd'hui, Dieu veut communiquer ses instructions à chaque enfant de Dieu, pour que les nations parviennent à l'obéissance de la foi « Romains 1 :6 » et se préparent à montrer à Jérusalem avec gloire et honneur.

« Apocalypse : 21.24.26 ».

Cette mission doit commencer par notre prochain et notre voisin et c'est bien là la vocation de l'église, constituée de pierres vivantes « 1 Pierre : 8 :7 » ces pierres vivantes étant équipées et édifiées par les anciens, parmi lesquels se trouvent les Apôtres, les Prophètes, les Docteurs, les Evangélistes, les Pasteurs « Ephésiens : 4 :11 » sans oublier les autres services, cf.

« 1Corinthiens 12 :28 »

2.2.4.5^{éme} PROPHETIE : La Vie de L'Eglise

La vie des églises des premiers siècles se déroulait là où vivaient et travaillaient ce que la bible appelle des prêtres, c'est-à-dire les croyants, ainsi les voisins pouvaient suivre en direct la vie des chrétiens et si nécessaire être aidés par ceux qui mettaient en pratiques l'amour du prochain. Il n'y a pas l'ombre d'un doute, c'est le modèle général de tous ceux qui mentionne plus de trente fois l'existence de ces églises de maison.

Est-ce que faisons-nous encore cela ?

Soutenons-nous les uns les autres dans l'amour fraternel ?

Quel mystère et quelle grandeur pour l'homme qui sont, des lors, non seulement crée selon une filiation terrestre et biologique, mais encore avec un patrimoine venu directement de Dieu. Cette vocation extraordinaire donne à l'homme l'honneur de devenir « Fils de Dieu » cette dignité surpasse toutes les autres, par elle, l'homme reçoit les qualifications pour gérer la création en exerçant une autorité sur les créateurs physiques et spirituelles qui l'environnement.

Soulignons que, si l'homme est invité à vivre en communion avec Dieu cette relation n'est pas forcée. L'homme n'a pas été conçu comme un robot, il est un être libre.

Son autonomie s'apparente à l'engagement librement consenti qui lie un homme et son esprit à l'homme de Dieu, qui fait de lui un vis-à-vis sans chaines. « Là où est l'esprit, là est la liberté « 2Corinthiens : 3 :17 ».

2.2.5.5^{éme} PARTIE : Liberté Exprimé, La Rupture

Dans le jardin d'Eden, cette liberté s'exprimé par la possibilité de rompre la communion avec Dieu. L'homme a ainsi l'interdiction de toucher aux fruits de '' l'arbre de la connaissance du bien et du mal ''. Cependant il ne s'agit pas ici d'une règle alimentaire, car cet arbre représenté un espace d'autonomie situé hors de la volonté de Dieu. Cela pouvait être résumé en disant que l'homme « terre », excepté une chose : Casser le lien qui le maintien dans la communion avec son créateur.

Dès lors, deux voies s'offrent à l'homme, il peut respecter l'autorité juste et aimante exprimée par la parole de Dieu ou alors sa communion avec Dieu pour profiter, sans aucune règle, de la création.

Or l'homme va malheureusement s'enfoncer dans le mal et choisir de se dissocier de son créateur pour se livrer à la création. Ce terrible processus conduit l'être humain à mépriser sa royauté et son autorité spirituelle pour s'asservir à son environnement. Aussi, ce n'est pas sans raison que la bible représente le diable dans la forme symbolique d'un serpent, il est l'une des créatures du jardin placées sous la gestion de l'homme avec son autorité, l'homme pouvait facilement rejeter toutes les tentatives visant à l'éloigner de Dieu. Mais l'homme choisit… D'aliéner sa souveraineté en cédant à l'invitation rebelle qui ''monte'' de son royaume. Par ce choix, il devient l'acteur d'une étonnante conspiration contre Dieu. L'acte qui consiste à céder à la tentative à des conséquences terribles. Ainsi, lorsque la rupture est consommée ; l'esprit de celui-ci retombe dans une condition quasi animale. Cette mort spirituelle s'illustre dans la parole donnée par Jésus-Christ lorsqu'il invite un disciple à le suivre « laisse les mort enterré leurs morts »

2.3.1.1ère VERSION DE FAIT : Les Malédictions de L'Idolâtrie

Beaucoup des personnes considèrent la tentation du jardin d'Eden comme une histoire ancienne ou imaginaire et qui n'a donc aucune implication dans la vie actuelle. Pourtant, cet épisode, qui à toucher l'humanité à ses origines, n'est pas enfermé dans le passé. Ainsi, l'acte qu'ils ont commis à casser la communion entre Dieu et les hommes ; est le premier maillon d'une longue chaine d'actions similaires qui ne cessent de se reproduire dans l'humanité. C'est par cet acte que le « Serpent » séduction exerce constamment son influence dans l'histoire.

Concrètement, cette stratégie se manifeste par les nombreuses expressions de l'idolâtrie qui conduisent les hommes à ses détourner spirituellement du vrai Dieu. Par ces cultes, le lien entre l'homme et Dieu est rompu, la parole de Dieu s'est brisée et Satan obtient un droit sur les vies. La perte de la connexion entre l'homme et son créateur entraine toute la création dans une errance de vanité. Ainsi, chaque-fois qu'une personne rend un culte à un autre que Dieu, elle cautionne la rupture qui été consommée lors de péché originel et crée une ouverture à des forces maléfiques.

Remarquons ici, c'est toujours la même chose que le seigneur Jésus-Christ nous promet des nous envoyé son esprit saint. Car il nous a promis en disant : « je vous enverrais le saint esprit, et lorsque nous lisons : « envoie des 12 apôtres » (Marc : 6 :6-) ici la bible nous précise en disant : « ''oui, il s'étonnant de leur manque de foi. Et il circulait pour le village à la ronde en enseignant. Or il fit venir les douze ; et il commença à les envoyés deux par deux, et il leur donnait pouvoir sur les esprits impurs. De plus, ils leurs ordonna de ne rien prendre pour le voyage, qu'un bâton seulement : pas de pain, pas de sac à provision, pas de pièces de cuivre dans leurs bourses de ceinture, mais de se chausser de sandale, et de ne pas porter deux vêtements de dessous. Il leur dit encore : « Partout où vous entrerez dans une maison, restez-y jusqu'à ce que vous sortiez de ce lieu. Et partout où un lieu ne vous recevra pas et ne vous entendra pas, en sortant delà secouez la terre qu'est sous vos pieds, en témoignage pour eux. Ils partirent donc et prêchèrent pour que les gens se repentent ; et ils expulsaient beaucoup de démons et enduisaient d'huile beaucoup de malades en guérissaient.

Voyez, ici c'est le sceau scellé : les 12 apôtres sont baptisés par les pouvoir de sceaux scellé du saint esprit qui exerce que les ordres du ciel, qui ne se nourri pas de main d'homme, et non accompagnement par des humaines pour faire de sac de provision, qui ne demande pas de talent, ou encore de notion de théologie pour défendre les mystères du saint esprit. C'est qui est de pièces de cuivre. Ils n'ont pas besoin des bourses dans leur sac, mais de se chausser de sandales, et de ne pas porter deux vêtements de dessous. C'est-à-dire nous ne pouvons pas porter de fardeaux dans notre parcours pour l'évangile du christ, car il nous a déjà libérés du pouvoir du malin, et nous ne pouvons pas encore mélanger le vin nouveau et la vieille outre notre état spirituel doit être pure blanchie par le sang de Jésus-Christ, car lorsqu'il était ressuscité de mort, la femme et ses disciples ont trouvé que son habit dans la tombe. Il avait aussi un messager qui leurs avait était recommandé par le christ. Il s'agit d'un ange de Dieu leur donnant un rendez-vous en Galilée, il leurs revetées des zèles de l'évangile de son retour sur la montagne de Galilée, Oui, ceux-là qui ont compris le mot de passe ils auront revêtu des nouveaux habits, eux aussi porterons un nouvel habillement de la même manière que lui. En fin, bouté le malin avec ces démons, qui sont les esprits impurs, les sorciers, les magiciens, les féticheurs, les ivrognes et le drogueur, etc. car notre parcours pour la Galilée est proche, c'est ainsi qu'il leur recommandant de qu'ils se retrouveraient dans un village ou une ville et partout où vous entreraient dans une maison, d'en frère ou d'une sœur qui vous reçoivent veillons, soyons sobres de ne pas être trop confiant pour n'est pas être en tentation. Ne faisons pas ça et là pour ne pas être décapiter et attraper par le diable, pour tomber dans un trou noir ouvert, à cause de bien matériels, qui risque de vous attirer par influence des démons de cet endroit. Le seigneur nous a bien dit d'y restez jusqu'à ce que nous demeurions de cet endroit, qu'il nous a conduit, et il dit encore partout ou un lieu ne vous recevras pas et ne vous entendra pas en sortant delà secoué la terre qui est sous vos pieds, lorsque nos familles, nos camarades, qui cherche à nous sacrifié auprès du diable notre ennemis ou tout autres personnes en n'importe quelle endroit qui peut nous prendre en captivité, sachons que le tombeau de Jésus-Christ est déjà vide, libéré de condamnation du malin, nous ne serons plus encore sous sont joug, Comme auparavant. Nous avons déjà acquis le pouvoir de chassé les démons, dominé nos ennemis, nous avons le pouvoir de déclarée la vérité du saint esprit dans notre état spirituel, nous avons le pouvoir de renoncée sur ce qui est impure liée à notre état spirituel. Communique avec c'est ange qui nous a donné le bâton, celle qui avait séparé la mer rouge au temps de Moïse, le bâton qui se traduit en habit de prophète Elie, qui sépara les rivières, pour attendre le char de feu. Car pour nous le bâton c'est la foi en Jésus-Christ qui ne demande pas de technique d'expérience humaine, car cette fois en Jésus-Christ nous a doté du pouvoir de la puissance du saint esprit et par sa porale vivifiante de changer l'eau en vin « Matthieu 10 :23 » quand on vous persécutera dans une ville, fuyez dans une autre ; car vraiment, je vous le dis :

non, vous n'achèverez pas le tour des villes d'Israël avant que n'arrive le fils de l'homme.

1er VERSION DE PROPHETIE : « la résurrection. Les 2 Grands Commandements » « Marc 11 :24 ». C'est pourquoi je vous le dis : tout ce que vous demandez en priant, avec foi que vous l'avez pour ainsi dire vécu, et vous l'aurais. »

Verset 27 : Et ils vinrent de nouveau à Jérusalem. Et comme il marchait dans le temple, les prêtres en chefs, les scribes et les anciens vinrent à lui, et se mirent à lui dire : ''Par quel pouvoir fais-tu ces choses ? Ou qui ta donnée ce pouvoir pour le faire ?''

Verset 29 : Jésus leur dit : ''je vais vous poser une seule question. Vous me répondrez, et je vous dirai, moi aussi, par quel pouvoir je fais ces choses.''

Verset 30 : Le baptême de Jean était-il du ciel ou des hommes ? Répondez-moi.

Verset 31 : Ils se mirent alors à raisonner entre eux, en disant :''Si nous disons : 'Du ciel,' il dira : 'pourquoi donc ne l'avez-vous pas cru ?''

Verset 32 : Mais osons-nous dire : ''Des hommes' ?... Ils avaient peur de la foule, car tous tenaient que Jean avait été réellement un prophète.

Verset 33 : Eh bien, répondant à Jésus, ils dirent : ''Nous ne savons pas.'' Et Jésus leur dit : ''moi non plus je ne vous dis pas par quel pouvoir je fais ces choses.

Voyez ils viendrons avec leur connaissance erronées de la théologie, scientifiques vous approuvées qu'ils ont des diplômes, de notions qui ont été approuvée, par leur université humaines, de démons pour nous faire croire qu'il sont capable de connaitre le secret de royaume de cieux, de sceaux scellé, ils ont seulement la notion de sceaux ouvert qui a été révélé par les prophètes de temps anciens, mais ils n'ont pas la clé céleste qui ne vient pas des hommes, voyons leur réponse devant notre Seigneur Jésus-Christ, ils ne pourront pas ouvrir le sceaux qui est scellé, car seul l'agneau immolé qui a le pouvoir d'ouvrir le sceaux scellé, parce qu'il vient du ciel, ce qui dépasse leur entendement, car dans le chapitre de l'Apocalypse 5, Marc 12 :20-27 : Jésus leur dis : '' n'est-ce pas pour cela que vous ne connaissez ni les écriture, ni la puissance de Dieu (...) je suis le Dieu d'Abraham et le Dieu d'Isaac et (le) Dieu, non pas de morts, mais des vivants. Vous êtes grandement dans l'erreur'' '' Marc 12 : 41-44''

2EME PROPHETIE : Arrestation de Jésus : Devant les Sanhédrin

''Marc 14 : 37-38'' Et il vint et les trouvant en train de dormir, et il dit à Pierre : ''Simon tu dors ? Tu n'as pas eu la force de veiller (1) une heure ? Veillez et priez sans cesse pour ne pas venir en tentation. L'esprit, en effet, est ardent, mais la chair est faible.'' C'est maintenant que nous somme devenue fort et violent par la puissance du Saint Esprit qui nous éveillera à démontre notre foi en Jésus-Christ pour chasser tout esprit impure, et toutes puissances de réclamations, de condamnations, sur la terre dans de maison noir et rouge, sous la terre dans des grottes, dans des trous noir, des cimetières, des tombeaux, sous les eaux, dans des cachots et prisons marins, aux cieux dans le monde cosmique, galactique, maléfiques, dans le plantes noir rouge, quelques soit sa formes, c'est maintenant par le nom de Jésus-Christ que nous le condamnons et les écrasons, et coupons toutes liens impures, chassons toutes impureté, brisons toutes chaine impure, toutes cachots impures, supprimons toute nom impure, toute limitation maléfique, obstacles diabolique par l'épées de l'esprit de vérité du saint esprit de Jésus-Christ. L'épée à double tranchants qui est le Psaume 119 et le Psaume 136. Pour la justice et la liberté de toutes nations de Dieu le créateur du ciel et de la terre de siècle de siècle, Amen.

2.3.2.7éme PROPHETIE : Le Choix de Rompre L'Alliance

Le récit de la bible dans « Genèse : 2 :16-17 » présent le choix fondamental entre la vie et la mort. L'homme est invité et non forcé à rester dans la communion avec Dieu. La tentation diabolique vise à l'éloigner de la présence divine.

C'est-à-dire, l'empire diabolique qui s'exerce dans le monde est proportionnelle à l'idolâtrie et à la méchanceté des hommes c'est pourquoi le simple fait de vénérer les astres, des lieux, des objets, des animaux ou des êtres humains est un moyen d'accorder un pouvoir à Satan.

Les pratiques occultes, la sorcellerie et toutes les activités qui consistent à faire le mal ou à s'opposer à la volonté de Dieu ; créent des ouvertures qui permettent à Satan d'agir et de contrôler nos ambitions.

Cette domination conduit progressivement les hommes à ne plus être maîtres de leurs sentiments, de leurs pensées et de leurs actes.

Influencés par ces forces obscures, ils deviennent violents, font du mal, vivent dans la peur, terrorisent leur entourage et deviennent à leur tour des instruments qui séduisent les autres et les invitent à rendre des cultes au prince des ténèbres.

2.3.3.8ème PROPHETIE : Mise en Garde contre L'Idolâtrie

« Deutéronomes : 4 :19 »

Bien aimé, « veille sur ton âme, de peur que, levant tes yeux vers le ciel, et voyant le soleil, la lune et les étoiles, toute l'armée des cieux, tu ne sois entrainé à tes prosterner en leurs présences et à leur rendre un culte.

Lorsque la communauté humaine se laisse entrainer dans cette idolâtrie, la séduction contamine ses croyances et détruit les fondements qui permettent à l'homme de gérer la société et son environnement. Le monde est malheureusement rempli d'exemples dans lesquels les processus de développement sont en échec par des superstitions cruelles et stupides.

Une fois placé sous la domination du « Pharaon » diabolique, l'homme perd ses capacités de gérant et dévient un esclave dominant et soumis.

Par cette situation, Satan obtient le doit d'habiter les cœurs et de contaminer la culture sociale par le mal. Cette malédiction détruit les vies, les familles, les villages et les pays.

C'est afin de contrer ce processus destruction que la bible dénonce fermement toutes les pratiques occultes, l'invocation des morts, les sacrifices maléfiques, les superstitions, l'amour de l'argent etc.

Toutes ces choses sont des portes qui s'ouvrent sur un monde malédiction « qu'on ne trouve chez toi personne qui fasse passer son fils ou sa fille par le feu, personne qui fait le métier de devin, d'astrologie, d'augure, de magicien, d'enchanteur, personne qui consulte ceux qui évoquent les esprits ou disent la bonne aventure, personne qui interroges les morts. Car quiconque fait ces choses est en abomination à l'éternel, ton Dieu, va chasser ces nations devant toi. Tu seras entièrement à l'éternel, ton Dieu. « Deutéronomes 18 :13 »

Par ces avertissements, Dieu cherche à nous mettre en garde envers les terribles mécanismes d'asservissement qui conduisent à réduire l'homme en esclavage. Car, dans ce monde, personne n'échappe à l'emprise du mal et il n'existe aucun individu à même d'accueillir par lui-même l'esprit de Dieu. C'est pourquoi l'humanité a besoin d'un sauveur qui vienne de Dieu :

Jésus-Christ. Seul ce rédempteur est capable de casser l'oppression du diable et 'apporter la réconciliation qui permet de recevoir la présence vivifiante de l'esprit.

Notons que cette œuvre du christ ne vise pas seulement à redonner l'esprit à notre vie charnelle et biologique. Elle contient la promesse d'une création nouvelle. C'est ce que Paul annonce les corinthiens en dévoilant que la réalité terrestre et biologique sera transcendée par la résurrection « le corps est semé corps physique, il est révélé corps spirituel » « 1 Corinthiens : 15-44 » ; « voir aussi l'ensemble du Chapitre » selon ces paroles, en Christ, nous avons l'espérance que lorsque la dimension biologique et de « Poussière » aura disparu, nous recevrons un corps nouveau et serons pleinement unis avec Dieu en esprit. Quelle promesse !

Celui qui désire revenir à Jésus-Christ. Il est le chemin qui nous ramène à la maison du Père. « Tiré du nouveau livre de Jacques, Daniel rochât choisis la vie ''Editions Entraide 2010.

Satan à tout intérêt à nous éloigner de notre créateur, car plus nous sommes éloignés de Dieu, plus nous sommes faibles et à sa merci.

2.3.4.4éme PARTIE : Les 2 Trompettes d'Argents, Départ du Sinaï

« Nombre : 10 :1- ».

Alors l'éternel parla à Moïse, en disant : Fais toi deux trompettes d'argents tu les feras en ouvrage martelé, et elles devront te servir à convoquer l'ensemblée et à lever les camps. On devra en sonner, de toutes les deux, et toute l'assemblée devra venir à ton rendez-vous avec toi à l'entrée de la tente de réunion. Et si l'on ne sonne que d'une seul, alors les chefs, chefs des milliers d'Israël, devront venir à leur rendez-vous avec toi.

Vous devez sonner une sonnerie modulée et les camps de ceux qui comptent à l'est devront partir. Vous devez sonner une sonnerie modulée, et les camps de ce qui campent à l'est devront partir. Vous devrez sonner une sonnerie modulée une deuxième fois, et les camps de ceux qui campent au sud devront partir.

On sonnera une sonnerie modulée chaque fois que partira un (des camps). ''Or, quand vous convoquerez la congrégation, vous sonnerez, mais vous ne devrez faire entendre une sonnerie modulée. Ce sont les fils d'Aaron, les prêtres, qui sonneront des trompettes, et (pareille) utilisations des (trompettes) devra vous servir d'ordonnance pour des temps indéfinis, dans le cours de vos générations. '' Si vous entrez en guerre, dans votre pays, contre l'oppresseur qui vous harcèles alors vous devrez faire entendre une sonnerie de guerre avec les trompettes et, à coup sûr, votre souvenir sera rappelé devant l'éternel votre Dieu et vous serez sauvés de vos ennemis.

''Au jour de votre joie, à vos époques de fêtes et aux commencements de vos mois, vous devrez sonner des trompettes sur vos holocaustes et sur vos sacrifices de communion. Et (pareille) utilisation des (trompettes) devra vous servir de mémorial devant votre Dieu.

Je suis l'éternel votre Dieu.'' Or il arriva, dans la deuxième année, au deuxième mois, le vingtième jour du mois, que le nuage s'éleva d'au-dessus du tabernacle du Témoignage.

Alors les fils d'Israël partirent, suivant l'ordre de leurs départs, du désert du Sinaï, et le nuage résida dans le désert de Paran. C'était la première fois qu'ils partaient, selon l'ordre de l'éternel, (transmis) par le moyen de Moïse.

En premier lieu partit donc la division de (trois tribus) du camp des fils de Juda, selon leurs armées, et Nahshôn le fils d'Amminadab était au-dessus de l'armée de (Juda). Et Nethanel le fils de Tsouar était au-dessus de l'armée de la tribu des fils d'Issakar. Et Eliab le fils de hélôn était au-dessus de l'armée de la tribu de fils de Zéboulôn.

Le tabernacle fut démonté, et les fils de Guershôn, ainsi que le fils de Merari, porteurs du tabernacle, partirent. (...) 25. Et la division (de trois tribus) du camps des fils de Dân partit, formant l'arrière-garde de tous les camps, selon leurs armées, (...) 33. Ils partirent donc de la montagne de Dieu pour trois jours de route, et l'arche de l'alliance de Dieu marchait devant eux, durant ces trois jours de route, afin de reconnaitre pour eux un lieu de repos. Et le nuage de Dieu était au-dessus d'eux pendant le jour, quand ils partaient du camp.et voici ce qui arrivait : quand l'arche partait, Moïse disait : Lève-toi. Ô Dieu ! Que tes ennemis soient dispersés, et que fuient de devant toi ceux te haïssent intensément.''Et quand elle se reposait, il disait : ''reviens, ô Dieu, vers les myriades des milliers d'Israël.''

2.3.5.1ére Chapitre de Prophétie du Temps Présent : Les 7 Sceaux.

« Apocalypse : 10 :3 » si vous remarquez que c'était christ, qu'il appelé l'ange. Car il est écrit :

« Et j'ai vu autre ange vigoureux qui descendait du ciel, revêtu d'un nuage, et un arc-en-ciel était sur sa tête, et sa face était comme le soleil, et ses pieds étaient comme des colonnes de feu, et il y avait dans sa main un petit rouleau qui était ouvert. Et il a posé son pied droit sur la mer, mais le gauche sur la terre, et il a crié d'une voix forte comme lorsque rougit un lion. Et quand il a crié, les sept tonnerres ont fait retentir leurs propres voix.

Ici la bible nous montre d'une autre forme qu'il est appelé de la même façon, lorsque nous attendons, la bible nous parle de cet ange qui veut dire un messager, qui tenait dans sa main un petit livre.

Or quand les sept tonnerres ont parlé, j'étais sur le point d'écrire ; mais j'ai entendu une voix venant du ciel dire : ''scelle les choses que les sept tonnerres ont prononcées, et ne les écrit pas. 'Et l'ange que j'ai vu se tenant debout sur la mer et sur la terre a levé sa main droite vers le ciel, et par celui qui vit à tout jamais, qui a créé le ciel et les choses qui s'y trouvent, et la terre et les choses qui s'y trouvent, et la mer et les choses qui s'y trouvent, et il a juré : ''Il n'y aura plus de délai ; mais aux jours où se fera entendre le septième ange, quand il sera sur le point de sonner de la trompette, oui le saint secret de Dieu selon la bonne nouvelle qu'il a annoncée à ses propres esclaves les prophètes sera mené à son terme.''

Au chapitre de « Apocalypse : 1 : 3 »

Révélation de Jésus-Christ, que Dieu lui a donnée pour montrer à ses esclaves les choses qui doivent arriver bientôt. Et il a envoyé son ange et, par son intermédiaire, il l'a présentée un signe à son esclaves Jean, lequel a attesté la parole que Dieu à donner et le témoignage de Jésus-Christ, oui toutes les choses qu'il cria à haute voix et ceux qui entendent les paroles de cette prophétie, et qui observent les choses qui s'y trouvent écrites ; car le temps fixé est proche.

Remarquons ici c'est toujours la même chose, que le seigneur Jésus-Christ enverra son ange, car il nous a promis en disant, je vous enverrais le saint esprit.

Ici la bible nous montre que le sceau est ouvert, il tenait dans sa main un petit livre ouvert, son pied à gauche était sur la terre, à ce niveau il est le lion de la tribu de Juda. Car il a tous les pouvoirs sur la terre.

En voici encore qui dit : un arc-en-ciel était sur sa tête, et sa face était comme le soleil, et son pied était comme des colonnes de feu, et il avait dans sa main un petit livre, quel est ce rouleau qui était ouvert. En voici ; C'est celles qui vous parlent maintenant !!! Aux moments prévus par Dieu

Et il a posé son pied droit sur la mer. Celui qui est l'Etoile du matin lorsqu'il rougie, il devient le feu dévorant, qui dévorera même les esprits des eaux.

Il y a un sceau qui avait été décrit, scellé ce qu'on dit de sept sceaux mais ne l'écrit pas. Ce que la bible nous parle de sceaux sceller, uniquement pour nous tenir informer du temps prévu par Dieu, car il est le maître du temps et de circonstance, il permet que les hommes comprennent son langage, et à d'autres circonstance il ne le permet pas du tout. Car il est le garde au temps prévus. « Apocalypse : 10 :4-7 »

A ce niveau la bible dit, l'ange leva sa main droite vers le ciel et jura par celui qui a créé la terre et ciel pour les siècles de siècles.

Regardez-bien voici le verset qui parle de sept sceaux de Dieu. Vous voyez les 7éme Anges sonnera la cloche pour signaler le temps de Dieu. Le livre de message, sera proclamé, tant que l'ange n'a pas sonné la trompette le sceau sera sceller, ne sera pas ouvert. Car aucun homme, nulle part ne le connaît, un livre mystérieux, livre de la rédemption.

Quand le 7éme Ange, sera proclamé sa mission, le mystère d'auprès de Dieu, tous les mystères doivent être révélés à la proclamation de toute chose qui sera révélé, le signe de mystère de sceaux, une fois que les sceaux seront brisés. « Malachie : 4 :1 ».

10éme PARTIE du Livre de Souvenir. Venue d'Élia

Et écrit : ''Car voici que vient le jour qui est brûlant comme le four ; oui, tous les présomptueux et tous ceux qui pratiquent la méchanceté deviendront comme du chaume. Oui le jour qui vient les dévorera, a dit l'éternel des armées, si bien qu'il ne leur laissera ni racine ni branche.

2.4.1.2éme Paragraphe : L'Ange Vigoureux, Le Petit Rouleau.

« Apocalypse : 10 :1-11 ». Vous voyez Dieu n'a jamais fait une chose sans qu'ils puissent préparer quelqu'un au-devant sa parole, il l'est prépare toujours avec des signes. Telles qu'il est écrit dans ce chapitre.

« Révélation de Jésus-Christ que Dieu lui a donnée pour montrer à ses esclaves les choses qui doivent arriver bientôt. Et il a envoyé son ange et, par son intermédiaire, il l'a présentée en signes à son esclave jean.

« Apocalypse : 10 :1-11 »

Et j'ai vu un autre ange vigoureux qui descendit du ciel, revêtu d'un nuage.

Et un arc-en-ciel était sur sa tête, et sa face était comme le soleil, et ses pieds étaient comme des colonnes de feu, et il avait dans sa main un petit rouleau qui était ouvert. Et il a posé son pied droit sur la mer, mais le gauche sur la terre, et il a crié d'une voix forte comme lorsque rugit un lion. Et quand il a crié, les sept tonnerres ont fait retentir leurs propres voix. Or quand les sept tonnerres ont parlé, j'étais sur le point d'écrire ; mais j'ai entendu une voix venant du ciel dire :''scelle les choses que les sept tonnerres ont prononcées, et ne les écris pas.

Et l'ange que j'ai vu se tenant debout sur la mer et sur la terre à lever sa main droite vers le ciel, et par celui qui vit à tout jamais, qui a créé le ciel et les choses qui s'y trouvent, et il a juré ! Il n'y aura plus de délai point de sonner du trompette, oui le saint secret de Dieu selon la bonne nouvelle qu'il a annoncé a ses propres esclaves les prophètes sera menée à son terme.

Et la voix que j'ai entendu du ciel parle avec moi de nouveau et dit :''va prends le rouleau ouvert qui est dans la main de l'ange qui se tient debout sur la mer et sur la terre. Et je suis allé vers l'ange et je lui ai dit de me donner le petit rouleau. Et il m'a dit : ''prends-le et mange. Le, et il rendra ton ventre a mer, mais dans ta bouche il sera doux comme du miel. Et j'ai pris le petit rouleau de main de l'ange et je l'ai mangé, et dans bouche il a été doux comme du miel ; mais quand je l'ai mangé, mon ventre est devenu me. Et ils me disent :tu dois prophétiser de nouveau concernant des peuples, et des nations, et des langues, et beaucoup des rois.

Vous voyez il y a des précisions sur la phrase souligner qui démontre la manière dont le seigneur Jésus-Christ nous montre le temps prévu, qu'il à envoyer ses anges pour pouvoir ouvrir le rouleau scellé, à laquelle n'avait pas permis aux prophètes du temps anciens d'ouvrir, car il l'a prévus pour des prophètes du temps présent de pouvoir l'ouvrir, que tout ceux-là qui ont cria d'une voix nouvelle qui sera entendu du ciel.

Cette révélation qui vous éveille de se tenir debout, si vous étiez endormis ou assis, car le temps de consommer le rouleau de septièmes Ange, le temps de lire ce petit livre qui rendra ton ventre amer, ce ventre par laquelle avait consommé la semence ancestrale qui ne plaisait pas à Dieu. C'est alors, lorsque tu prononceras, tu déclareras de bonne chose, il te sera accompli comme le miel, car le seigneur t'amènera dans un avenir meilleur.

Quand le 7éme sceaux est scellé, le livre ne sera pas interprété jusqu'à ce que tout doit être brisée, car le sceau ne doit pas être révélé tant que les 7éme sceaux est scellé.

« Apocalypse : 5 :1-14 »

Et j'ai vu dans la main droite de Celui qui est assis sur le trône un rouleau écrit en dedans et sur le revers, complètement scellé avec sept sceaux. Et j'ai vu un ange vigoureux qui proclamait d'une voix forte : ''Qui est digne d'ouvrir le rouleau et d'en délier le sceau ?'' Mais personne ni dans le ciel, ni sur la terre, ni sous la terre n'était capable d'ouvrir le rouleau ou de regarder à l'intérieur. Mais l'un des anciens me dit : ''Cesse de pleurer. Regarde ! Le Lion qui est de la tribu de Juda, la racine de David, a vaincu pour ouvrir le rouleau et ses sept sceaux.''

Et j'ai vu, se tenant debout au milieu du trône et des quatre créatures vivantes et au milieu des anciens, un agneau comme tué, ayant sept cornes et sept yeux, (des yeux) qui représentent les sept esprits de Dieu qui ont été envoyés dans toutes la terre. Et il est allé et aussitôt il (l') a pris de la main droite de Celui qui est assis sur le trône. Et quand il a pris le rouleau, les quatre créatures vivantes et les vingt-quatre anciens sont tombés devant l'agneau, ayant chacun une harpe et de bois d'or qui étaient plein d'encens, et l'encens représente les prières des saints. Et ils chatent un chant nouveau, en disant : tu es digne de prendre le rouleau et d'en ouvrir les sceaux, car tu as été tué et avec ton sang tu as acheté pour Dieu des gens de toutes tribus et langue, et peuple, et nation, et tu as fait d'eux un royaume et des prêtres pour notre Dieu, et ils doivent régner sur la terre.

Et j'ai vu, et j'ai entendu une voix de beaucoup d'anges autour du trône et des créatures vivantes et des anciens, et leur nombre était des myriades de myriades et des milliers de milliers, disant d'une voix forte : ''L'Agneau qui a été tué est digne de recevoir la puissance, et la richesse, et la sagesse, et la force, et l'honneur, et la gloire, et la bénédiction.

Et toutes les créatures qui sont dans le ciel, et sur la terre, et sous la terre, et sur la mer, et toutes les choses qui s'y trouvent, je les ai entendues qui disaient. ''A Celui qui siège sur le trône et à l'Agneau soient la bénédiction, et l'honneur et la gloire, et la puissance à tout jamais.'' Et les quatre créatures vivantes disaient : Amen ! ''Et les anciens sont tombés et ont adoré.

« Apocalypse : 10 ». Il est écrit : Tel que nous avons précédemment expliquez là-dessus. Ce qui montre que le sceau est ouvert, car aucun homme papes, Apôtres, toutes les autorités, gouverneur, président, et rois qui doit être capable d'ouvrir le sceau qui est scellé.

Il sera ouvert que par l'agneau, c'est l'agneau qui tient la clé du livre. Car aucune domination, ni pouvoir de l'interpréter, ou être divulgue, il sera ouvert que par l'Agneau, qui a la domination d'interprétation. Et qu'il n'y a plus de temps, car celui-là cour à gauche, l'autre à droite en disant de leur manière, après ce temps, il viendra lui-même le démontré.

Car ce mystère, nous sera révélé qu'au temps de la fin, ce sont les petites choses, les enfants sont venus, ils sont venus vous montrer beaucoup des choses qui n'étaient pas révélé par des anciens prophètes, les seigneurs Jésus-Christ nous le révèlent. Car il y a encore beaucoup qu'il doit nous l'apprendre, parce qu'il y a d'autres choses dans le noir, qu'il ne nous a pas encore toujours révélé à l'entièreté. C'est qui veut dire que le sceau n'est pas encore ouvert à l'entièreté. Même le peu que je vous offre est comme 2 gouttes d'eau dans l'océan. Il y a encore beaucoup de travail à faire que le seigneur m'inspire, car il est écrit dans « Ephésiens : 1 :13-4 »

2.4.2.14^{éme} : Christ est glorifié, de la mort à la vie.

Mais vous aussi avez espéré en lui après avoir entendu la parole de vérité, la bonne nouvelle concernant votre salut. Par son moyen aussi, après avoir cru, vous avez été scellés de l'esprit saint promis.

Qui est engagé par anticipation de notre héritage, en vue de la libération par rançon de la propriété de Dieu, a sa glorieuse louange.

Vous voyez le saint esprit lui-même est un sceau pour l'individu

Par exemple :

- On charge un conteneur, avant que le conteneur puisse être parti l'inspecteur devra passer vérifier si c'était remplis, si non le conteneur part vide, sans pour être vérifier par l'inspecteur et tout ce qu'on a fait devrait être tombé, est qu'on n'a pas constater que se remplis, il sera là attendu que, jusqu'à ce qu'elle soit remplie, et il va sceller.

C'est de même pour le saint esprit, va-t-il nous inspecté ? Lorsque nous faisons une chose, si le saint esprit voit que tout est accompli il va sceller.

« Ephésiens 4 :30 ».

Car il est écrit ! ''De plus, n'attristez pas l'esprit saint de Dieu, avec lequel vous avez été scellés pour un jour de libération par rançon.

A cet effet, retenez le mot rédemption, ne l'attristez pas, fait des choses en sortes qu'il soit heureux.

Un sceau signifie un nombre terminé, quand les 7^{éme} sceaux [2]seront brisé, en ce moment-là, toutes choses sera révélé.

Par exemple : c'est comme qui dit de mettre un sceau. Le sceau porte une marque qui veut dire la propriété, donc vous êtes la propriété du christ. Un sceau c'est la sécurité, indique que vous marché dans la sécurité.

Si vous êtes exposé au danger, c'est ne pas le diable, c'est parce que vous n'étiez pas scellé à l'intérieur, si vous étiez à l'intérieur scellé, le diable n'allait pas vous faire de mal. Car vous étiez allez jusqu'à la frontière.

Remarquons que ce livre est scellé, donc vous êtes scellé jusqu'à la fin du temps. « Romains : 8 :22 ».

Car il est écrit :''Car nous savons que jusqu'à maintenant toute la création ne cesse de gémir ensemble et de souffrir ensemble.

Or nous savons, c'est ne pas elle-même, mais nous aussi nous attendons le rédempteur, d'après le temps que nous comprenions ceci va jusqu'à la 1[ére] résurrection. Ceci parle d'un monde nouveau, c'est lorsque nous voyons une femme porte une robe, un autre nu, c'est comme lorsque nous allons dans un autre pays. Nous remarquons qu'il y a l'esprit de nation, nous ! Nous avons l'esprit des Apôtres. C'est comme un enfant qui traverse une rivière et dit qu'il n'a pas peur, mais plutôt qu'il a peur.

Ces choses qui son pire, vous remarquerez l'animal quand il veut mourir, et l'homme quand il veut quelque chose, il son pire. C'est donc il faut prier pour les malades, il faut connaître la cause, peu importe la quantité médicalement que vous pouvez donnée, tant que vous ne savez pas la maladie, c'est nul. Et lorsqu'on le nommée le cancer, mais c'est ne pas tout ça, c'est les démons qui se trouve à l'intérieur. Et lorsqu'on dit : c'est le péché, oui, bien.

Mais, c'est l'incrédibilité qui fait que nous soyons ainsi, c'est comme un homme qui est tombé dans un trou, il n'est resté pas tranquille. Il cherchera toujours à grimper, crié, gémir.

C'est lorsqu'un homme est malade, il cherche à sortir de cette étape qui le fait souffrir, il gémit.

En effet, bien sûr nous savons que des gens qui sont tombé, Adam et Eve. Avant Adam et Eve ne pouvaient pas mourir, en mourant nous avons vendu côté de droit de naissent. Or Adam et Eve on traverser de l'abime pour la vie. Car Adam et Eve avaient un arbre du devant d'eux, comme aujourd'hui vous aussi, vous avez un arbre de vie devant vous.

Ne dites-vous pas que, c'est la faute à eux, car eux aussi faisait une expérience à cette découverte.

Vous voyez que l'homme doit choisir ce qu'on lui offre et choisi c'est qu'on lui offre et choisi c'est qu'on lui offre de plus. C'est ça la sagesse ?

Et Adam lorsque sa femme Eve lui avait disposé, il l'a vendu sa force, n'a pas réfléchis à tout ce que Dieu lui avait appris.

Car, Adam pouvait dire à l'arbre qui était ici puissent se déplacer de là, et qu'elle pouvait se faire, parce qu'il est le fils de Dieu.

Voyons le 2éme Adam, ce qu'il a fait, car il a dit : tout ce qu'il peut faire, vous aussi, vous le ferait, Adam avait perdus auprès de Satan, par conséquence sa vie éternel, toutes ces forces, il avait tout donnée dans la main de Satan, elle a été polluée c'est-à-dire la postérité d'Adam avait tout donnée dans la main de Satan, il y a 300 ans, papa Go à traverser les glasses avec ses enfants derrière lui, il n'y avait de Whisky. Il vit bien dans la terre, et l'homme blanc est venu il commencé à fabriquer les bières, Whisky, il a détruit le monde, il prit le busons des indiens. Geronimo regardé avec Abbé, voir les indiens avec les américains se battre, avec Dieu de leur côté. Lui, savait faire quelques choses, eux, tiré les busons et faisaient de drapeau en se félicitant sabots, ils fabriqué des bambous les assiettes. Toutes homme qui se respecte doit se battre pour les intérêts, comme font les indiens, défendre leurs intérêts, tout ce que ces blancs font contre aux indiens. Cette postérité d'Adam qui a détruit et pollué le monde.

Expression Prophète : William Braha Nam

2.4.3.15éme PROPHETIE : Jézabel, les Nations seront Brisées.

« Apocalypse : 3 :1-22 »

Encore, c'est ce qui se passe presque partout, tel qu'en Afrique, précisément en République Démocratique du Congo sont agressées par les rebelles lesM23, Codeco étant d'autres, tout ceux-là sont financé par l'occident, le blanc sont allé coloniser l'Afrique, ce qui a permis que les Africains puissent obtenir l'évolution, eux qui étaient tranquille dans leurs communautés, mais voici l'occident quand n'est-il en leadership politique qu'ils ont apporté en Afrique ?

La colonie de manipulation pour la tricherie, la corruption des électeurs ; aux tribalismes, les rebellions, en manipulant les leaders politiques Africains, en séparant les uns les autres pour mieux régner. Voici ce développement contraire à la race de Dieu le créateur, qui détruit toutes l'humanité par la criminalité ; la xénophobie, la jalousie, part entière. Les descendants de Caïn, sont diffèrent des enfants de Seth. « Apocalypse 11 : 12 - 19 ».

L'Afrique n'a point de repos à cause de l'occident qui se glorifient de sa colonisation en brandissant le drapeau de la paix partout ailleurs, avec les discours de Nations-Unis, qu'ils ont apportés la paix en Afrique, plus des 20 ans à nos jours qu'il y a les rébellions en RD Congo, envahis par le Rwanda étant d'autres, les gens meurent et les enfants sont restées orphelins.

En se glorifiant de leurs technologies dans le monde, en manipulant les hommes sur les terrorismes, par la guerre, en fabriquant des armes nucléaires pour mettre mal alaise l'humanité pour leurs propres désir et intérêts. En voici, le résultat qui nous a amené les désastres, aujourd'hui est devenu le contraire de développement de bien être, qui se traduit par la haine du développement d'un système politique des colonies racistes.

« Apocalypse 11 :12-19 » il est écrit : ''Et ils ont entendu une voix forte venant du ciel dans le nuage, et leur dire : ''Montez ici.'' Et ils sont montés au ciel dans le nuage, et leurs ennemis les ont regardés. Et cette heure-là il y a eu un grand tremblement de terre et le dixième de la ville est tombé ; et sept mille personnes ont été tuées par le tremblement de terre, et le reste a été saisi de peur et rendu gloire au Dieu du ciel. Le deuxième malheur est passé. Ecouté ! Le troisième malheur vient vite. Et le septième ange a sonné de la trompette. Et il y a eu dans le ciel des voix fortes, disant : ''le royaume du monde est devenu le royaume de notre Seigneur et de son Christ, et il régnera à tout jamais. Et les vingt-quatre anciens qui étaient assis devant Dieu sur leurs trônes sont tombés sur leur face et ont adoré Dieu, en disant : ''Nous te remercions, éternel Dieu, le tout puissant, Celui qui est et qui était, parce que tu as pris ta grande puissance et que tu as commencé à régner. Mais les nations se sont mises en colère, et ta colère est venue, ainsi que le temps fixé où les morts vont être jugés, (le temps) de donner (leur) récompense à tes esclaves les prophètes et aux saints et à ceux qui craignent ton nom, les petits et les grands, et de causer la ruine de ceux qui ruinent la terre

2.4.4. SYNTHESE : 1ére version : Jézabel, les nations sont Brisées

« Apocalypse 3 :1-22 »

Et à l'ange de la congrégation qui est à sardes, écris : voici les choses qu'il dit, celui qui a les sept esprits de Dieu et les sept étoiles : 'je connais tes actions (et je sais) que tu as renom d'être vivant, mais tu es mort. Deviens vigilant, et fortifie les choses qui restent et qui étaient près de mourir, car je n'ai pas trouvé tes actions pleinement accomplies devant mon Dieu. Rappelle-toi donc sans cesse comment tu as reçu et comment tu as entendu, et continue à (le) garder, et repens-toi. Oui, à moins que tu ne te réveilles, je viendrai comme un voleur, et tu ne sauras pas du tout à quelle heure je viendrai sur toi. Toutes fois, tu as quelques noms à sardes qui n'ont pas souillé leurs vêtements de dessus, et ils marcheront avec moi en vêtements de dessus blancs, parce qu'ils en sont dignes. Le vainqueur sera revêtu ainsi de vêtements de dessus blanc, et je n'effacerai en aucune façon son nom du livre de vie, mais je reconnaître son nom devant mon père et devant ses anges. Que celui qui a une oreille entende ce que l'esprit dit aux congrégations. « ''Et à l'ange'' de la congrégation qui est Philadelphie, écris : voici les choses qu'il dit, celui qui est saint, qui est véridique, qui a la clé de David, qui ouvre de sorte que personne ne fermera, et qui ferme de sorte que personne n'ouvre : je connais tes actions—écoute : j'ai placé devant toi une porte ouverte, que personne ne peut fermer—(je sais) que tu as un peu de puissance, et tu as gardé ma parole et tu n'as pas trahi mon nom.

Ecouté : je donnerai ceux de la synagogue de Satan qui disent qu'ils sont juifs, et pourtant ils ne le sont pas, mais ils mentent—écoute : je les ferai venir rendre hommage devant tes pieds et je leur ferai savoir que je t'ai aimé. Parce que tu as gardé la parole concernant mon endurance, je te garderai aussi de l'heure de l'épreuve, qui doit venir sur la terre habitée tout entière, pour mettre à l'épreuve ceux qui habitent sur la terre. Je viens vite. Continue à tenir ferme ce que tu as pour que personne ne prenne ta couronne. ''' Le vainqueur, je ferai de lui une colonne dans le temple de mon Dieu ; non, il n'(en) sortira plus, et j'écrirai sur lui le nom de mon Dieu et le nom de la ville de mon Dieu, la nouvelle Jérusalem qui descend du ciel d'auprès de mon Dieu, ainsi que mon nom nouveau.

Que celui qui a une oreille entende ce que l'esprit dit aux congrégations. Et à l'ange de la congrégation qui est à Laodicée, écris : voici les choses que dit l'Amen, le témoin fidèle et véridique, le commencement de la création de Dieu : je connais tes actions (et je sais) que tu n'es ni froide ni bouillant. Je voudrais que tu sois froid ou bouillant. Ainsi, parce que tu es tiède et ni bouillant. Je voudrais que tu sois froid ou bouillant. Ainsi, parce que tu es tiède et ni bouillant ni froid, je vais te vomir de ma bouche. Parce que tu dis :

''je suis riche et j'ai acquis des richesses et je n'ai besoin de rien'', mais que tu ne sais pas que tu es misérable, et pitoyable, et pauvre, et aveugle, et nu, je te conseille de m'acheter de l'or affiné au feu pour que tu deviennes riche, des vêtements de dessus blancs pour que tu te trouves vêtu et que la honte de ta nudité ne se manifeste pas, et un collyre pour te frotter les yeux, afin que tu puisses voir. Tous ceux pour qui j'ai de l'affection, je les reprends et les discipline. Sois donc zélé et repens-toi. Ecoute ! Je me tiens à la porte et je frappe. Si quelqu'un entende ma voix et ouvre la porte, j'entrerai dans sa (maison) et je prendrai le repas du soir avec lui et lui avec moi. Au vainqueur j'accorderai de s'assoir avec moi sur mon trône, tout comme j'ai été vainqueur et me suis assis avec mon Père sur son trône. Que celui qui a une oreille entende ce que l'esprit dit aux congrégations.'''

2.4.5.2ème Version d'Effet : Règle d'Or. La porte Étroite. Dire et Faire

''Et ne craignez pas ceux qui tuent le corps, mais ne peuvent tuer l'âme ; mais craignez plutôt celui qui peut détruire et l'âme et le corps dans la géhenne

Ici la bible nous montre comment un homme peut être béni ou maudit, en effet, se basant sur toutes ces notions, que nous vous développons dans ces livres de l'importance de l'offrande, qui vous conduit à la porte étroite. Car il est écrit dans « Matthieu 7 :13-24,29 » ''Entrez par la porte étroite ; parce que large et spacieux est la route qui mène à la destruction, et nombreux sont ceux qui entrent par elle, tandis qu'étroite est la porte et réservé la route qui mène à la vie, et peu nombreux sont ceux qui la trouvent.

Voici, en effet, il y a des choses que vous pouvait que recevoir des hommes et des femmes, donc il faut savoir par la prière et des offrandes, si bel et bien sont bonne ou pas. Car risque d'avoir de cadeaux empoisonnés par le diable, il y a des choses qui un homme peut recevoir que du ciel. (...) Tout homme donc qui entend mes paroles que voici et les met en pratique sera comparé à un homme avisé, qui a bâti sa maison sur le roc, et les inondations sont venues, et les vents ont soufflé et ont battu cette maison, mais elle ne s'est pas effondrée, car elle avait été fondée sur le roc. D'autre part, tout homme qui entend mes paroles que voici et ne les met pas en pratique sera comparé à un homme sot, qui a bâti sa maison sur le sable. Et la pluie est tombée à verse, et les inondations sont venues, et les vents ont soufflé et ont heurté cette maison, et elle s'est effondrée ; et sa chute a été grande. 'Or quand Jésus eut achevé (de dire) ces paroles, l'effet fut que les foules étaient frappées de sa manière d'enseignement ; car il les enseignait en homme qui a pouvoir, et non pas comme leurs scribes.

Nous devons savoir que Dieu est même dans votre intimité, tel que dit (Matthieu : 7 :10-29) ''ou peut-être demandera-t-il un poisson—il ne lui remettra pas un serpent, n'est-ce pas ?''(...) ''Car il les enseignait en homme qui à pouvoir, et non pas comme leurs scribes.''

A. La loi : nous avons un homme Moïse dans la bible, qui a démontré par la loi que Dieu lui avait prescrite le10 Commandement à travers ces serviteurs, qui conduisaient son peuple.
B. Les prophètes : c'est par sa parole que Dieu utilisait les prophètes pour orientés ses enfants, afin de trouver l'issus, le passage dans l'obscurité, qui était une captivité pour son peuple, ayant bénéficié de la rédemption qu'ils obtiennent une faveur acquise par notre seigneur Jésus-Christ.

Car, Christ à cachées ces choses, aux sages et il a révélé aux petits enfants qui sont disposées à l'apprendre. Nous devons savoir faire du bien aux autres,

« Jean : 11 : 2 ». ''C'était cette même Marie qui avait enduit le seigneur d'huile parfumée et lui avait essuyé les pieds avec ses cheveux, dont le frère Lazare était malade.'' C'est une dimension de la foi, faire du bien qui est une œuvre du saint esprit ; Celui qui est grand, c'est celui qui fait le premier pas à faire du bien

- Donner la solution aux autres ;
- Résoudre les problèmes des autres ;

« Proverbes : 4 :24 ». Si tu veux recevoir quelques choses de Dieu voici, le chemin à suivre. ''Écarte de toi les langages tortueux ; éloigne de toi les lèvres pleines de détours.''
« Romain : 11 :33-38 ». ''Ö profondeur de la richesse et de la sagesse et de la connaissance de Dieu ! Que ses jugements (sont) inscrutables et ses voies introuvables ! Car ''qui est parvenu à connaître la pensée de Dieu, ou qui est devenu son conseiller'' ? Ou : ''Qui lui a donné le premier,

pour devoir être payé de retour ?'' Parce que c'est de lui, et pour lui que sont toutes choses. A lui la gloire pour toujours. Amen

2.5.1.16ème Prophétie : Blasphème, Loi du Talion Année Sabbatique

Cette postérité d'Adam qui détruit la terre et parle, veut récolter ce qu'ils ont fait, combien de mariages vont se tenir devant le tribunal pour rompre ce qu'ils ont fait.

Combien de boite de nuit, vont faire pécher les hommes cette même nuit, vous voyez, nous avons faits. Je me dis un jour, que ce qui est doux. Car il est écrit : Quand il vit les foules, il monta dans la montagne ; et après qu'il se fut assis, ses disciples vinrent auprès de lui ; et il ouvrit la bouche et se mit à les enseigner, en disant : ''Heureux ceux qui sont conscients de leur pauvreté spirituelle, puisque le royaume des cieux leur appartient. ''Heureux ceux qui sont dans le deuil, puisqu'ils seront consolés. ''Heureux ceux qui sont doux de caractère, puisqu'ils hériteront de la terre. ''Heureux ceux qui ont faim et soif de justice, puisqu'ils seront rassasiés. ''Heureux les miséricordieux, puisqu'il leur sera fait miséricorde. ''Heureux les pacifiques, puisqu'ils seront appelés 'fils' de Dieu'. ''Heureux ceux qui ont été persécuté à cause de la justice, puisque le royaume des cieux leur appartient. « Matthieu : 5 :1-10 » Vous voyez ! Jésus-Christ a dit : heureux ce qui sont doux, car ils hériteront les royaumes de cieux, et ils hériteront la terre.'' Après qu'il soit purifiés maintenant, le titre de propriétaire à la terre, l'a perdu auprès du diable, alors le propriétaire de titre l'a récupéré, il se pointe, frappant son torse le titre de propriété qui donne à la propriétaire de la terre. Il est retourné le locataire, il est de main de Dieu, le rédempteur l'a récupéré, bien en attendent que ce titre soit remis entre la main du propriétaire. C'est comme le colorant est tombé dans le couleur, tel que le sang du Christ, il est retourné dans sa position c'est lorsque vous êtes sauvé dans le sang, vous êtes retourné entre la main de votre propriétaire. C'est comme vous possédé ce que Adam avait perdu, et vous l'avait.

Adam n'est pouvait pas le faire, car lui-même avait besoin de la rédemption

3 .1.1. 17ème Prophétie : « Lévitique : 25 :1-10,18 » ''Jubilé. Rachat de Propriétés

''L'éternel parla encore à Moïse, au mont Sinaï, en disant : '' Parle aux fils d'Israël, et tu devras leur dire : 'Quand enfin vous entrerez dans le pays que je vous donne, alors la terre devra observer un sabbat pour L'éternel. Pendant six ans tu ensemenceras ton champ et pendant six ans tu tailleras ta vigne, et tu devras récolter le produit de la terre. Mais à la septième année, il y aura pour la terre un sabbat de repos complet, un sabbat pour L'éternel. Tu ne devras pas ensemencer ton champ et pendant six ans tu tailleras ta vigne, et tu devras récolter le produit de la terre. Mais à la septième année, il y aura pour la terre un sabbat de repos complet, un sabbat pour l'éternel. Tu ne devras pas ensemencer ton champ et tu ne devras pas tailler ta vigne. Tu ne devras pas moissonner ce qui poussera des graines tombées de ta moisson, et tu ne devras pas vendanger les raisins de ta vigne non taillé, il y aura pour la terre une année de repos complet. Le sabbat de la terre devra vous servir de nourriture, à toi, a ton esclave male et a ton esclave femelle, a ton salarié et a l'immigrant chez toi, a ceux qui résident comme étrangers chez toi, a ton animal domestique] aussi] et à la bête sauvage qui est dans ton pays. Tout son produit serviras de nourriture.,,, tu devras compter pour toi sept sabbats, d'années, sept fois sept sabbats d'années devront faire pour toi quarante\neuf ans. Au septième moi, le dix du moi, tu devras faire retentir le cor au son éclatant., le jour des propitiations vous ferez retentir le cor dans tout votre pays. Et vous devrez sanctifier la cinquantième année et proclamer la liberté dans le pays a tous ses habitants. Cela deviendra pour vous un Jubilé, et vous devrez retourner chacun dans sa propriété, et vous retournerez chacun dans sa famille. C'est un Jubilé que deviendra pour vous cette cinquantième année. Vous ne devrez ni semer, ni moissonner ce qui poussera de la terre, des grains tombées, ni vendanger ses vignes non taillées. Car c'est Jubilé. Il deviendra pour vous chose sainte.

1ere Prophétie ; Bénédictions en cas d'obéissance

Vous pourrez manger du champ ce que produit la terre. '' En cette année du Jubilé vous retournerez chacun dans sa propriété. Si vous vendez de la marchandise a ton compagnon ou que vous achetiez de la main de ton compagnon, ne vous faites pas du tort l'un a l'autre. D'après le nombre des années après le Jubilé tu achèteras a ton compagnon, d'après le nombre des années des récoltes il te vendra.]...] mais si vous dites ; ''qu'allons/nous manger dans la septième Année, puisque nous ne pourrons pas semer ni rentrer nos recoltes7'' [sachez que] je donnerai bel et bien ordre pour vous a ma bénédiction dans la sixième année, et elle devra produire sa récolte pour trois ans. Et vous devrez semer, la huitième année, et vous devrez manger de l'ancienne récolte jusqu'à la neuvième sa récolte, vous mangerez l'ancienne.

''Ainsi la terre ne se vendra pas à perpétuité, car la terre est à moi. Car vous êtes, à mon point de vue des résidents étrangers et des immigrants. Dans tous les pays qui sera votre propriété, vous accorderez au pays le droit de rachat. '''Si ton frère devient pauvre et doit vendre une partie de sa propriété, alors un racheteur, son proche parent, devra venir racheter ce qu'a vendu son frère. Si quelqu'un n'a pas de racheteur, si sa main a fait des grains et qu'il ait trouvé suffisamment pour le rachat de son [bien], alors il devra calculer les années [écoulées] depuis la vente, et il devra rendre l'argent qui reste à l'homme à qui il a vendu, puis il devra retourner dans sa propriété. [...] il restera chez lui comme un salarié, d'année en année. Il ne pourra pas l'opprimer avec tyrannie sous tes yeux. Mais s'il ne peut se racheter à ces conditions, alors il devra sortir en l'année du Jubilé, lui et ses fils avec lui. ''' Car pour moi les fils d'Israël sont des esclaves. Eux que j'ai fait sortit du pays d'Egypte. Je suis l'Eternel votre Dieu.

En effet, l'homme n'avait pas moyen de revenir, car il faudrait un parent rédempteur. La loi de Dieu exigée un substitut, regarde la loi exigée, un parent qui doit racheter de rédempteur, donc un parent rédempteur, or il ne pouvait pas prendre un parent des anges. Car il ne pas de notre race, donc l'Ange n'est pas tombé du ciel, et tous les hommes de la terre sont né de l'homme d'Adam. C'est par là que commence.

Maintenant, qu'il exigé un parent rédempteur, tout devra naître de parent rédempteur pour naître de nouveau.

Voilà, la grâce qui est venu. Oh !

1ere Version d'effet : « Ruth trouve Faveur auprès de Boaz »

« Ruth : 2 :7-12,20 » ''alors elle a dit : 'S'il te plait, permets-moi de glaner, et vraiment je ramasserai parmi les épis coupés, derrière les moissonneurs, 'Elle est donc entrée et elle est restée debout depuis cette heure-là du matin jusqu'à maintenant ; elle vient de s'assoir dans la maison pour un court instant.' Plus tard, Boaz dit à Ruth : ''Tu as entendu, n'est-ce pas, ma fille ? Ne va pas glaner dans un autre champ ; il ne faut pas non plus que tu passes de cet endroit (vers un autre) ; de cette façon tu resteras tout près de mes jeunes personnes. (...) que Dieu rétribue ta manière d'agir, et qu'il y ait pour toi un salaire parfait de la part de l'Eternel le Dieu d'Israël, sous les ailes de qui tu es venue chercher refuge. 'A quoi elle dit : ''Que je trouve faveur à tes yeux, mon seigneur, parce que tu m'as consolé et parce que tu as parlé ta servante sur un ton rassurant, même si moi je ne suis pas comme une de tes servantes. 'Puis Boaz lui dit, au moment de repas : ''Avance ici ; il faut que tu manges un peu de ce pain et que tu trempes ton morceau dans le vinaigre.'' Elle s'assit donc côté des moissonneurs ; et il lui tendait du grain rôti et elle mangeait, si bien qu'elle fut rassasiée et en eut encore de reste. Puis elle se leva pour glaner. Alors Boaz donna ordre à ses jeunes gens, en disant : '' laissez-la glaner aussi parmi les épis coupés, et vous ne devez pas la molester. Et même vous devez avoir soin de tirer pour elle (quelques épis) des javelles ; vous devez les laisser pour qu'elle les glane, et vous ne devez pas la réprimander.'' Elle continua de glaner dans le champ jusqu'au soir, puis elle battit ce qu'elle avait glané ; cela fit environ un épha d'orge. Alors elle prit cela et rentra dans la ville, et sa belle-mère vit ce qu'elle avait glané. Puis elle sortit la nourriture qu'elle avait eue de reste après s'être rassasiée et la lui donna. Sa belle-mère lui dit alors : ''Où as-tu glané aujourd'hui et où as-tu travaillé ? Que celui qui t'a remarquée soit béni. 'Elle raconta donc à sa belle-mère chez qui elle avait travaillé ; puis elle dit : le nom de l'homme chez qui j'ai travaillé aujourd'hui, c'est Boaz.'' Alors Naomie dit à sa belle-fille : ''Béni soit-il de Dieu, qui ne s'est pas départi de sa bonté de cœur envers les vivants et les morts. Puis Naomie lui dit : ''cet homme est notre parent. C'est un de nos racheteurs.''Alors Ruth la Moabite dit : ''il m'a dit aussi : 'Tu resteras tout près des jeunes gens qui sont miens jusqu'à ce qu'ils aient achevé toute la moisson que j'ai.''' Naomie donc dit à Ruth sa belle-fille : ''il vaut mieux ma fille, que tu sortes avec les jeunes personnes de (Boaz), de peur qu'on ne te tourmente dans un autre champ.

Quand un de quatre nations, vous attendez ces choses dites-vous que ma vie doit être changée. Il fallait que Boaz deviennent rédempteur pour racheter Naomi pour avoir Ruth. C'était lui le Christ.

L'Ange avait couvert Marie la face de son sexe pour avoir Jésus-Christ, car Jésus-Christ n'est pas né de relation sexuelle, par ce que Jésus qui est Dieu, il est Dieu qui est Emmanuel

2.5.2. RESUME : « Jubilé Rachat des Propriétés. »

« Lévitique : 25 :18 », car il est écrit : vous devez donc appliquez mes ordonnances, et vous garderez mes décisions judiciaires, et vous devez les appliquer. Alors, vraiment, vous habitez sur la terre en sécurité.

« Actes 2 : 37-38 ». ''Or, quand ils entendirent cela, ils furent touchés en plein cœur, et ils dirent à Pierre et aux autres apôtres : ''Hommes, frères que nous faut-il faire ? Pierre leur (dit) : ''repentez-vous, et que chacun de vous soit baptisé au nom de Jésus Christ pour le pardon de vos péchés, et vous recevrez le don gratuit de l'esprit saint.

Maintenant, la crucifixion veut nous montrer que Jésus-Christ est venu nous faciliter la tâche pour ne pas porter toutes ces fardeaux, car c'est par cette nouvelle alliance que nous sommes sauvés. Car l'ancienne alliance nous à montrer qu'une histoire des œuvres de la loi, qui devais nous donner l'image de ce qui devait s'accomplir à l'avenir à partir de la foi, qui nous permettra de savoir-faire, pour être sauvé.

2.5.3. CONCLUSION : 4ème Parti : La Pentecôte, Le Discours de Pierre, 1ère clé

« Actes : 2 :1-47 »

Or, tandis que s'écoulait le jour de la (fête de la) pentecôte, ils étaient tous ensemble dans le même lieu, et tout à coup il vint du ciel un bruit semblable à celui d'un violent coup de vent, et il remplit toute la maison où ils étaient assis. Et des langues comme de feu deviennent visibles pour eux se distribuèrent, et il s'en posa une sur chacun d'eux, et ils se remplirent tous d'esprit saint et commencèrent à parler en d'autres langues, comme l'esprit leur accordait de s'exprimer. Or il y avait, habitant à Jérusalem, des juifs, des hommes qui craignaient Dieu, de toute nation d'entre celles qui sont sous le ciel. Et quand ce bruit se produisit, la multitude s'assembla et fut confondue, parce que chacun les entendait : parler dans sa propre langue. Oui, ils étaient stupéfaits, ils s'étonnaient et disaient voyons ! Tous ces gens qui parlent sont des Galiléens, n'est-ce pas ?

Et pourtant, comment se fait-il que nous entendions, chacun de nous, sa propre langue, celle dans laquelle nous sommes nés ?

Parthes et Mèdes et Élamites, et les habitants de Mésopotamie, de Judée et de Cappadoce, du pont et (du district) d'Asie, de Phrygie et Pamphylie, d'Egypte et de la région de la Libye qui est du côté de Cyrène, et gens de Rome en séjour ici, tant juif que prosélytes, crétois et arabes, nous les entendons parler dans nos langues des choses magnifiques de Dieu. Oui, ils étaient tous stupéfaits et demeuraient perplexes, se disant les uns aux autres :

''qu'est-ce que cela signifie ?'' Cependant, d'autres se moquaient d'eux et disaient ils sont de vin doux''. Mais, Pierre se leva avec les onze, il éleva la voix et leur déclara : ''hommes de Judée et vous tous habitants de Jérusalem, sachez ceci et prêtez l'oreille à mes paroles. Vraiment, ces (gens) ne sont pas ivres, comme vous le supposez, car c'est la troisième heure du jour.

Au contraire, c'est ici ce qui a été dit par l'intermédiaire du prophète Joël :''Et dans les derniers jours, dit Dieu, je rependrais une partie de mon esprit sur toute sorte de chair, et vos fils et vos filles prophétiseront. Et vos jeunes gens verront des visions, et vos vieillards rêveront des rêves, et même sur mes esclaves mâles et sur mes esclaves femelles je rependrai une partie de mon esprit en ces jours-là et ils prophétiseront et je donnerai des présages dans le ciel en haut et des signes sur la terre en bas, du sang et du feu et une brume de fumée ; le soleil se changera en ténèbres et la lune en sang avant que le grand et illustre jour de Dieu arrive. Et tout homme qui invoquera le nom de l'éternel sera sauvé. ''Hommes d'Israël entendez ces paroles : Jésus le Nazaréen, un homme qui vous a été montré publiquement par Dieu grâce à des œuvres de puissance et des présages et des signes que Dieu à faits par son intermédiaire au milieu de vous, comme vous le savez vous-mêmes, cet (hommes) -- comme quelqu'un qui a été livré par le conseil arrêté et la préscience de Dieu --, vous l'avez fixé à une croix par la main des sans-loi et vous l'avez supprimé. Mais Dieu l'a ressuscité en déliant les douleurs de la mort, parce qu'il n'était pas possible qu'il continue d'être retenu par elle. Car David dit à son sujet : 'j'avais constamment Dieu devant mes yeux ; parce qu'il est à ma droite pour que je ne sois jamais ébranlé. Voilà pourquoi mon cœur est devenu joyeux et ma langue s'est beaucoup réjouie. De plus, même ma chair résidera dans l'espérance ; parce que tu n'abandonneras pas mon âme à l'Hadès, et tu ne permettras pas que ton fidèle voie la corruption. Tu m'as fait connaître les chemins de la vie, tu me rempliras de gaieté avec ta face.

''Hommes, frères, il est permis de vous parler avec franchise au sujet du chef de famille David : il est décédé et a été enterré, et sa tombe est parmi nous jusqu'à ce jour. Ainsi donc, parce qu'il était prophète et savait que Dieu lui avait juré par serment de faire assoir sur son trône quelqu'un du fruit de ses reins. Il a vu d'avance la résurrection du Christ et en a parlé, (disant) qu'il n'a pas été abandonné à l'Hadès et que sa chair n'a pas vu la corruption. Ce Jésus, Dieu ressuscité ; c'est un fait dont nous sommes tous témoins. Ainsi donc, parce qu'il a été élevé à la droite de Dieu et a reçu du Père l'esprit saint promis, il a répandu ceci que vous voyez et entendez. En effet, David n'est pas monté aux cieux, mais il dit lui-même : 'l'éternel dit à mon seigneur : ''Assieds-toi à ma droite. Jusqu'à ce que je place tes ennemis comme un escabeau pour tes pieds.'' 'Que toute la maison d'Israël sache donc avec certitude que Dieu l'a fait et seigneur et Christ, ce Jésus que vous avez attaché sur la croix. Or quand ils entendirent cela, ils furent touchés en plein cœur, et ils dirent à Pierre et aux autres apôtres : ''Hommes, frères que nous faut-il faire ?''

Pierre leur (dit) : ''Repentez-vous, et que chacun de vous soit baptisé au nom de Jésus-Christ pour le pardon de vos péchés, et vous recevrez le don gratuit de l'esprit saint. Car la promesse est pour vous et pour vos enfants et pour tous ceux qui sont au loin, autant que l'éternel notre Dieu en appellera à lui.'' Et par bien d'autres paroles il rendrait pleinement témoignage et les exhortait, en disant :''savez-vous de cette génération tortueuse.'' Ceux donc qui accueillirent sa parole de tout leur cœur furent baptisés, et ce jour-là environ trois mille âmes furent ajoutées. Et ils étaient assidus à l'enseignement des apôtres, et à avoir part les uns avec les autres, à prendre des repas, et aux prières. Oui, la crainte s'emparait de toute âme, et il se faisait beaucoup de présages et de signes par l'intermédiaire des apôtres. Tous ceux qui dévirent croyants étaient ensemble et avaient toutes choses en commun ; ils vendaient leurs propriétés et leurs biens et en distribuaient le (produit) à tous, selon qu'on en avait besoin. Et jour après jour ils étaient assidus au temple, d'un commun accord, et ils prenaient leurs repas dans des maisons particulières et recevaient leurs parts de la nourriture avec grande joie et sincérité de cœur, louant Dieu et trouvant faveur auprès de tout le peuple. En même temps l'éternel continuait à leur adjoindre chaque jour ceux qui étaient sauvés.

Dernier Version Prophétique ; un commandement nouveau ''jean2 1''

Ce qui était dès le commencement, 'ce que nous avons entendu, ce que nous avons vu de nos yeux, ce que nous avons regardé avec attention et que nos mains ont palpé, concernant la parole de vie. Oui la vie a été manifesté, et nous avons vu et nous témoignons et nous vous annonçons la vie éternelle qui était auprès du père et qui vous été manifesté, ce que nous avons vu et entendu, nous vous l'annonçons a vous aussi, pour que vous aussi vous ayez part avec nous. Et Jésus christ. Et ainsi, nous écrivons ces choses pour que notre joie soit complète. Et voici le message que nous vous annonçons ; que Dieu est lumière et qu'il n'y a pas tout de ténèbres dans l'union avec lui. Si nous déclarons ; Nous avons part avec lui', et que pourtant nous continuons à marcher dans les ténèbres, nous nous mentons et nous ne pratiquons pas la vérité. Cependant, si nous marchons dans la lumière comme lui-même est dans la lumière, nous avons part les uns avec les autres, et le sang de jésus son fils nous purifie de tout péché. Si nous déclarons. Nous n'avons pas de péché, nous nous égarons nous-mêmes et la vérité n'est pas en nous. Si vous pardonner vos péchés et vous purifier de toute injustice. Si nous déclarons : Nous n'avons pas péché, nous faisons de lui un menteur, et sa parole n'est pas en nous [1 jean 2 : 3-7,11-12, 13,14]. Et par là nous savons que nous avons appris à le connaitre, c'est-à-dire si nous continuons d'observer ses commandements. Bien aimée, je vous écris non pas un commandement nouveau, mais un commandement ancien que nous avons eu dès le commencement. Ce commandement ancien, c'est la parole que vous avez entendue. Encore une fois, je vous vous écris un commandement nouveau – ce qui est vrai dans son cas et dans le vôtre – parce que les ténèbres passent et que la vraie lumière brille déjà. Celui qui dit être dans la lumière et qui pourtant a de la haine pour son frère est dans les ténèbres jusqu'à maintenant. Celui qui aime son frère dernier dans la lumière, et il n'y a pas d'occasion de trébucher en ce qui le concerne. Je vous écris, petits-enfants, parce que vos péchés vous ont été pardonnés à cause de son nom [1 jean 2 : 1-29]

2.5.4. PRIERE DE CLOTURE : Combat contre les ennemis

Purification

Psaume : 25 -38 – 51 – 52 – 32 – 92 Amen

Psaume : 2 – 3 – 7 – 11 – 17 – 28 – 35 – 52 – 54 – 55 – 56 – 57 – 59 – 79 – 83 – 82 – 58 – 64 – 94 – 109 – 140 – 129 – 110 – 91 Amen

Pour obtenir la clé en or, et ouvrir les portes fermées des ténèbres. Enfin de bénéficier de la grâce céleste de Dieu par la puissance du Saint esprit en Jésus Christ par l'esprit de la vérité.

TABLES DES MATIERES

Printed by Books on Demand GmbH, Norderstedt / Germany